전능자의 그늘 아래 머물리라

• 2권 •
하나님의 성품

전능자의 그늘 아래 머물리라

2권 - 하나님의 성품

지은이 | 이재훈
초판 발행 | 2021. 11. 24
등록번호 | 제1988-000080호
등록된 곳 | 서울특별시 용산구 서빙고로65길 38
발행처 | 사단법인 두란노서원
영업부 | 2078-3352   FAX | 080-749-3705
출판부 | 2078-3331

책값은 뒤표지에 있습니다.
ISBN 978-89-531-4102-5   03230

독자의 의견을 기다립니다.
tpress@duranno.com   www.duranno.com

두란노서원은 바울 사도가 3차 전도여행 때 에베소에서 성령 받은 제자들을 따로 세워 하나님의 말씀으로 양육
하던 장소입니다. 사도행전 19장 8~20절의 정신에 따라 첫째 목회자를 돕는 사역과 평신도를 훈련시키는 사역,
둘째 세계선교(TIM)와 문서선교(단행본잡지) 사역, 셋째 예수문화 및 경배와 찬양 사역, 그리고 가정·상담 사역 등
을 감당하고 있습니다. 1980년 12월 22일에 창립된 두란노서원은 주님 오실 때까지 이 사역들을 계속할 것입니
다.

전능자의
그늘 아래 머물리라

2권
하나님의 성품

이재훈 지음

두란노

_____ 믿음으로 받아들일 때 비로소
하나님의 놀라우심이 보인다

하나님을 이해할 수 없기 때문에 믿을 수 없다는 말은 틀리다. 오히려 이해할 수 없기 때문에 믿어야 한다. 인간의 지성으로 이해할 수 있는 하나님은 믿음의 대상이 아니라 분석의 대상일 뿐이다.

그러면 인간은 왜 하나님을 이해할 수 없다고 말하는가. 하나님의 성품은 때로 상반되는 것 같은 두 모습이 하나로 연합되어 있기 때문이다. 헤르만 바빙크(Herman Bavinck)는 이러한 모습을 '하나님의 스스로 다양하심'(self-diversity)이라고 설명한다.

인간은 하나님의 한 가지 모습만을 붙잡고 또 다른 모습은 배척한다. 이는 인간이 자신의 경험을 바탕으로 하나님을 이해하려고 하기에 일어나는 일이다. 그래서 "전능하신 하나님의 계획이 어떻게 우리의 기도로 달라질 수 있는가?" "우주를 통치하시는 하나님이 과연 나의 이 고민에 관심을 가지실까?"
"선하신 하나님이라면 왜 세상에 악이 존재하는가?" 등의 질
문을 던지며 하나님의 성품을 모순되는 것으로 간주하고 스
스로 대답하기 어려운 질문들을 만들어 낸다.

성경에 나타난 삼위일체 하나님과 그리스도의 신성과 인
성의 연합을 온전히 받아들이는 데도 여러 세기 동안의 고민
과 논쟁이 필요했다. 이것은 인간이 이해할 수 없는 하나님을
믿으려 하지 않았기 때문이다.

그러나 하나님이 성경에서 계시하신 것을 믿음으로 받아
들일 때 정반대의 모습으로 보여 충돌하는 것 같았던 그분의
성품들이 사실은 서로를 지탱해 주는 모습이었다는 것을 깨
닫게 된다. 그렇기 때문에 '이성의존사색'이 아닌 '계시의존사

색'만이 하나님을 바르게 아는 길인 것이다. 계시의존사색으로 바라볼 때 하나님의 역사는 모두가 깨어짐이 없는 전체를 이루며, 그러면서도 풍성한 다양성과 변화를 지니고 있음을 깨닫는다.

하나님은 말씀만으로 우주 만물을 무(無)에서 유(有)로 존재하게 하셨다. 전능한 지혜로 행하시는 하나님의 일들을 이해하는 길은 하나님의 계시를 온전히 받아들이는 것뿐이다. 살아 계시는 하나님은 동시에 활동하시는(operative) 하나님이다. 그분은 언제나 일하시고 일하지 않으실 수가 없다. 또 모든 하나님의 일은 자유로우신 주권을 따라, 완전하신 계획과 섭리를 따라 이루어진다.

하나님의 성품과 일하심은 놀라울 뿐이다. 우리는 하나님

의 놀라우심을 단지 맛볼 뿐이며 그분 안에 거할 뿐이다. 하나
님의 성품을 하나님의 계시에 의존하여 통합적으로 받아들이
려고 시도한 이 책을 통해 놀라우신 하나님을 좀 더 맛보게 되
기를 소망한다.

2021년 11월
이재훈

목차

프롤로그 • 4

1장 사랑이 한이 없으신 분이
맹렬히 진노하신다   • 10

2장 은밀히 숨어 계신 분이
늘 가까이 임재하신다   • 20

3장 항상 일하시는 분이
안식을 누리신다   • 32

4장 완전히 선하신 분이
택한 자를 연단하신다   • 44

5장 모든 것을 아시는 분이
　　모든 것을 듣고자 하신다　　• *60*

6장 완전히 자유로우신 분이
　　약속에 매여 계신다　　• *72*

7장 온 세상을 지으신 분이
　　아주 작은 나를 아신다　　• *88*

8장 모든 것을 섭리하시는 분이
　　우연으로 찾아오신다　　• *102*

9장 결코 변치 않으시는 분이
　　모든 것을 새롭게 하신다　　• *116*

1장

사랑이 한이 없으신 분이
맹렬히 진노하신다

하나님을 아는 지식 중 가장 보편적인 것이 '사랑의 하나
님'이다. 성경 곳곳에서는 하나님의 본성 자체가 사랑이시
라는 말씀을 우리에게 분명히 심어 준다.

　　◇◇　하나님은 사랑이시라 사랑 안에 거하는 자는 하나님 안
　　　　에 거하고 하나님도 그의 안에 거하시느니라 요일 4:16b

　　◇◇　사랑하지 아니하는 자는 하나님을 알지 못하나니 이는
　　　　하나님은 사랑이심이라 요일 4:8

　　◇◇　하나님이 세상을 이처럼 사랑하사 독생자를 주셨으니 요
　　　　3:16a

그런데 성경의 또 다른 말씀들을 보면, 사랑의 하나님에
대한 지식이 때론 어려움에 직면하게 한다. 성경은 적지
않은 부분에서 '진노하시는 하나님'을 증거하고 있기 때문
이다. 하나님은 '살라 버리는 불'과 같이 맹렬히 진노하시
고(신 4:24), 질투하실 뿐만 아니라, 한 사람의 죄를 3, 4대까
지 갚으시기도 한다(출 20:5). 이런 대목들은 사랑의 하나님
과 나란히 놓고 봤을 때 모순으로 보인다. 사람들은 이 문

제를 각기 다른 방식으로 해결하려고 한다.

사랑의 하나님과
진노의 하나님 사이에서

과연 사람들은 사랑의 하나님과 진노의 하나님 사이의 모순을 어떻게 해결하고 있을까?

첫째, 하나님의 진노를 단순히 부인한다. 이런 해결 방식은 가장 흔히 나타나는데, '하나님의 진노'라는 단어 자체가 담긴 성경 말씀들을 못 본 척 지나치는 것이다. 또 누군가에게는 해당하지만 나에게는 해당하지 않는 말씀으로 치부하고 거부한다. 그러나 이것은 진실을 외면하고 눈을 감는 것과 같다.

둘째, 예수님이 오심으로 하나님의 진노는 완전히 사라져 버렸다고 왜곡한다. 이것은 훨씬 세련되어 보이는 방식으로, 진화론적인 시각을 하나님께도 적용하여 구약의 하나님이 신약으로 넘어오면서 더욱 훌륭한 신으로 발전했다고 생각하는 것이다. 이들은 성부 하나님은 용서하기만 하실 뿐 전혀 진노하지 않는 분으로서 지옥이니 심판이니 하는 무서운 일은 행하시지 않을 것이라고 말한다. 그분은 그저 용서하고 사랑하실 뿐이라는 것이다. 이러한 방식은 예수님이 용서에 대한 말씀보다도 지옥과 심판에 대하여 더 많이 말씀하셨다는 것을 설명하지 못한다. 구약뿐 아니라 신약에서도 수많은 심판 이야기가 나온다.

셋째, 하나님의 진노는 그분의 속성이 아니라 인간이 지은 죄의 결과를 설명하는 용어일 뿐이라고 이해한다. 이러한 주장은 보다 교묘한 방식으로, 현대 철학자와 신학자들이 주로 사용한다. 그들은 하나님의 진노란 비인격적인 인간의 상황을 설명하는 것일 뿐이지 그분의 감정이나 성품이 아니라고 말한다. 하나님에 의해 일어나는 것이 아니라 죄에 따른 불가피한 부산물일 뿐이라는 것이다. 그러나 하나님의 진노가 그분의 감정이 아니라면 왜 그 진노를 해결하기 위해 제물이 죽임당해야 하는가? 또 성경에는 왜 하나님의 감정에 대한 수많은 표현이 등장하겠는가?

사랑에 감정이 필수인 것처럼 진노에도 감정이 필수 요소다. 이렇게 하나님의 성품에서 진노를 제거하려는 것은 복음을 훼손하려는 교묘한 사탄의 전략이다. 하나님의 진노가 무시되는 곳에서는 복음에 대한 이해가 있을 수 없다. 하나님의 진노의 크기와 무게를 아는 자만이 하나님의 사랑의 크기와 무게를 알 수 있기 때문이다. 하나님의 진노에 대한 성경의 가르침을 부인하는 것은 세속적이고 비기독교적인 개념들을 끌어들여 복음을 왜곡하는 것이다.

쉬운 용서는
없다

우리는 왜 하나님의 진노를 받아들이지 못하고, 심지어 하나님의 성품에서 제거하고 싶어 할까? 하나님의 진노를 제거하면 그분의 용서는 매우 쉬운 일이 되기 때문이다. 사람들은 하나님의 용서가 매우 쉬울 거라고 생각한다. 하나님은 사랑이시기에, 진노하실 수 없는 분이기에 용서도 쉽게 하실 수 있다고 생각하는 것이다. 그래서 사람들은 죄를 지으면서도 이렇게 생각하고 싶어 한다.

'하나님은 결국 나를 용서하실 수밖에 없어. 하나님은 사랑이시잖아? 용서가 하나님의 일인데 뭐. 하나님께서 이 정도는 용서하실 거야.'

그러나 '용서하기를 원하시고 기뻐하시는 분'이라는 것과 '쉽게 용서하실 수 있는 분'이라는 말은 다른 개념이다. 하나님이 어떠한 죄인도 용서하기를 기뻐하신다는 것은 용서를 쉽게 하시는 분이라는 말이 아니다. 용서하기란 매우 어려운 일이지만 그럼에도 하나님은 이를 행하신다는 말이다.

하나님의 진노를 제거하고 그분의 용서를 매우 쉬운 일로 치부하는 것은 복음의 진리를 심각하게 왜곡하는 생각이다. 이런 생각에서 나온 대표적인 표현이 있다.

"하나님은 죄는 미워하시지만 죄인은 사랑하신다."

이 말은 절반의 진리다. 하나님이 그리스도의 십자가 사건을 통해서 인간의 구원을 간절히 바라신다는 점에서 이 표현은 맞다. 그러나 하나님은 죄에 대하여도 진노하시지만 죄인에 대하여도 진노하신다. 하나님의 진노가 언급되는 구절들을 보면 대상을 분명하게 적시하지 않는 곳도 있지만, 악을 행하는 자들로 그 대상을 언급하시는 곳도 분명히 있다(요 3:36; 롬 2:5, 8; 엡 5:6; 골 3:6).

그런데도 사람들은 왜 죄를 미워하시는 하나님이 죄인은 사랑하신다고 생각하며 안심하려 할까? 윌리엄 템플(Wiliam Temple)은 이렇게 지적한다.

"하나님의 진노는 죄인이 아니라 죄에 대한 것이라는 주장은 죄를 죄인과 분리된 것으로 보고 마치 옷처럼 벗어 던질 수 있는 무언가로 여기는 천박한 심리학이다. 나의 죄는 나의 의지의 잘못된 방향이다. 그리고 내가 활동하는 한 나의 의지는 곧 나 자신이다. 만약 하나님이 죄를 미워하신다면 그분이 미워하시는 것은 나 자신에게 부속된 어떤 첨가물이 아니라 나 자신이다."

이러한 표현은 하나님은 인간의 권리를 존중하시는 관대한 분이라는 생각에서 비롯되었다. 이는 하나님 중심적인 사고보다는 인간 중심의 사고다. 사람들이 이 표현을 좋아하는 이유는 계몽주의 사상의 영향을 통해 하나님은 인간을 섬겨야 하며 인간을 미워하거나 적대시해서는 안 된다는 무서운 인본주의에 물들어 있기 때문이다.

진노의 순간에도
사랑은 계속된다

그렇다면 하나님의 진노는 무엇을 의미하는가? 그리고 하나님이 맹렬히 진노하신다면 '사랑의 하나님'은 어떻게 되는 것인가? 하나님의 진노란 죄와 죄인에 대한 하나님의 거룩한 적대감과 분노다. 존 스토트(John Stott)의 설명이 매우 정확하다.

"죄에 맞서는 하나님의 진노는 어떤 명백한 이유도 없이 이성을 잃고 폭발하신다는 것을 의미하지 않는다. 그분의 진노는 수수께끼 같거나 비이성적이지 않다. 그분의 진노는 예측할 수 없는 것이 아니라 오히려 언제나 예측이 가능하다. 왜냐하면 오직 악에 의해서만 진노가 유발되기 때문이다."

하나님의 진노는 달랠 수 없다거나 혈안이 되어 달려드는 식의 격노가 아니다. 매우 이성적이고 의지적인 반응이다. 이런 의미에서 하나님의 진노는 그분의 본질적인 완전함(intrinsic perfection)은 아니다. 궁극적인 실재는 아니라는 것이다. 죄와 악이 없다면 진노도 없기 때문이다. 하나님의 진노는 반드시 죄와 악에 대하여만 생겨난다.

본질적인 완전함이란 대상에 따라서 달라지지 않는 것이다. 하나님이 사랑이신 것은 본질적인 완전함이다. 하나님의 사랑은 대상이 사랑스러워서 일어났다가 사랑스럽지 않으면 사라지는 감정이 아니다. 대상의 어떠함과는 상관없이, 심지어 죄와 악에 빠졌을 때도 하나님의 사랑은 사라지지 않는 것이다. 다만 죄와 악은 반드시 진노를 생성시킬 뿐이다. 인간은 어떤가? 진노가 일어나면 자연스럽게 사랑의 감정이 사그라진다. 그런데 하나님은 진노가 일어난다고 해서 사랑이 사라지지 않는다. 본질적인 완전함에 속한 성품이기 때문이다.

그러므로 하나님의 진노는 하나님 밖에 있는 것에 대한 반응이다. 하나님의 사랑은 근본적이고 영원한 속성인 반면, 하나님의 진노는 죄에 대하여 하나님의 성품이 밖으로 드러나는 것이다. 그래서 '하나님은 사랑이시다'라고는 말하지만, '하나님은 진노이시다'라고는 말할 수 없다. 하나님은 죄에 대하여 진노하시는 경우에라도 여전히 사랑이시다.

진노가 쏟아진 자리에
십자가가 박혔다

사랑의 반대는 진노가 아니라 무관심이다. 하나님의 진노는 사랑의 한 측면으로서 그분의 사랑의 결과다.

> ∞ 사랑에는 거짓이 없나니 악을 미워하고 선에 속하라 롬
> 12:9

사랑에는 거짓이 없다. 사도 바울은 악을 미워하는 것이 사랑이라고 말한다. 악을 미워하는 것이 진노다. 그러므로 악을 미워하지 않는 것은 사랑의 결핍이라 할 수 있다. 만약 하나님이 인간의 죄와 악에 대하여 진노하시지 않는다면 과연 그분이 선하고 사랑이 충만한 하나님이실 수 있는가? 진노야말로 악이 존재하는 이 세상에서 인간이 선을 추구해야 하는 가장 핵심적인 요소가 아닐까? 하나님의 진노는 그분의 사랑의 일부다. 죄악이 가득한 세상에서 진노하지 않으시는 하나님의 사랑은 존재할 수 없다. 이 피할 수 없는 하나님의 이중적 속성이 십자가를 존재하게 하였다.

하나님이 악을 이토록 철저히 미워하고 진노하시는 까닭은 사람을 너무도 사랑하시기 때문이다. 악은 우주 전체에서 가장 경이롭고 소중한 존재인 인간의 아름다움을 망

치기 때문이다. 싸구려 책에 잉크를 쏟는 것은 매우 사소한 일이기에 쉽게 넘어갈 수 있다. 그러나 국보급 고문서에 잉크를 쏟는 것은 나라가 발칵 뒤집힐 만큼 어마어마한 사건이다. 인간을 귀하게 바라보는 만큼 죄는 끔찍하고 혐오스러울 수밖에 없다.

악을 미워하고 거룩한 백성으로 살라는 하나님의 명령은 무자비한 요구가 아니라 사랑이 한없으신 그분의 자비다. 악을 따르는 자들이 하나님께 등을 돌리고 그분과 맞설 때에도 하나님의 사랑은 변함없이 나타났다. 만일 하나님이 그들을 사랑하지 않으셨다면 그들에게 진노하지 않으셨을 것이다. 그래서 예수님의 십자가는 죄와 죄인들에게 하나님의 진노가 쏟아진 자리다. 동시에 죄인을 구원하시는 하나님의 사랑이 쏟아진 자리다.

하나님의 용서는 결코 쉬운 일이 아니다. 죄와 죄인에 대한 진노를 다 쏟아부으신 후에야 비로소 이루어지는 매우 어려운 일이다. 하나님의 용서는 죄와 악을 못 본 척 눈감아 주신 것이 아니다. 눈을 부릅뜨고 진노하셨기에 비로소 하나님의 사랑이 부어질 수 있었다. 사랑이 무한하신 분이 맹렬이 진노하심으로 우리는 구원받았다. 그 맹렬한 진노를 십자가에 달리신 예수님이 받으심으로 우리에게 한없는 사랑이 임했다. 우리는 오직 예수 그리스도의 십자가를 의지함으로써만 그 진노를 피할 수 있다.

2장

은밀히 숨어 계신 분이
늘 가까이 임재하신다

일본의 대표적인 현대 소설가 엔도 슈사쿠(遠藤周作)의 《침묵》은 17세기 일본의 기독교 박해 상황을 배경으로 한 역사 소설이다. 이 소설은 당시 일본이 자국민들뿐만 아니라 외국 선교사들까지 박해하고 배교시킨 이야기를 적나라하게 소개한다. 소설의 시작은 한 신실한 포르투갈 예수회 신부인 페레이라가 배교했다는 소식이 보고되고, 충격을 받은 페레이라의 제자들이 이를 확인하려고 일본으로 뒤따라 들어가면서 이야기가 전개된다. 당시에 신앙을 가진 일본 농민들은 끔찍한 고문으로 죽임을 당했는데, 농민들 자신이 배교한다고 해도 풀어 주지 않았다. 그 사람을 전도한 선교사가 함께 배교해야만 그들을 풀어 주었다.

페레이라는 자신을 만나기 위해 일본을 찾아온 로드리 신부에게 이렇게 외쳤다.

"내가 배교한 것은 말이야, 구덩이에 빠져 고통 속에서 부르짖던 저들의 소리에 하나님이 아무것도 하시지 않았기 때문이야. 나는 필사적으로 하나님께 기도했지만, 하나님은 아무것도 하시지 않았어. 하나님은 왜 아무것도 하시지 않지?"

그러나 이 말은 그저 변명일 뿐이다. 핍박은 배교에 대한 정당한 이유가 되지 못한다. 이보다 더 큰 핍박에도 신실하게 믿음을 지킨 성도들이 수없이 많기 때문이다.

숨어 계신 하나님을 고백하던
믿음의 사람들

인생에서 뜻하지 않은 고난을 만날 때, 하나님이 자신을 도와주시지 않는 것 같을 때 우리는 나타나셔서 나를 위해 일하시지 않고 숨어 계시는 하나님을 믿을 수 없다고 말하고 싶어질지 모른다. 시편에서도 숨어 계시는 하나님께 호소하는 기도를 여러 곳에서 발견할 수 있다.

∞ 여호와여 어찌하여 멀리 서시며 어찌하여 환난 때에 숨으시나이까 시 10:1

∞ 주여 깨소서 어찌하여 주무시나이까 일어나시고 우리를 영원히 버리지 마소서 어찌하여 주의 얼굴을 가리시고 우리의 고난과 압제를 잊으시나이까 시 44:23-24

엄청난 상실과 고난을 경험했던 욥도 이렇게 고백하였다.

∞ 그런데 내가 앞으로 가도 그가 아니 계시고 뒤로 가도 보이지 아니하며 그가 왼쪽에서 일하시나 내가 만날 수 없고 그가 오른쪽으로 돌이키시나 뵈올 수 없구나 욥 23:8-9

욥은 하나님을 만나고 싶지만, 하나님은 고통 속에 있는 자신에게서 숨어 계시고 침묵하신다고 고백하였다.

그런데 하나님이 숨어 계시다고 고백했던 성경의 사람들은 하나님과 상관없이 사는 이들이 아니었다. 모두가 하나님과 신실하게 동행했던 믿음의 사람들이었다. 욥이 누구인가? 그는 지상에 있는 모든 사람 중에서 가장 신실하게 하나님과 동행하였고, 가장 의롭게 살았다. 우리와 비교할 수 없을 정도로 의로운 사람이다(욥 1:1-3).

필립 얀시(Philip Yancey)는 《하나님, 당신께 실망했습니다》(Disappointment with God)에서 이렇게 말했다.

"하나님에게 전혀 실망하지 않은 사람이 있다면 그는 분명 무신론자다. 무신론자는 하나님께 아무것도 기대하지 않기 때문이다."

신실한 하나님의 사람들은 모두 숨어 계시는 하나님을 체험했다. 하나님을 모르는 사람들이 아니라 오히려 하나님을 믿고 의지하는 사람들이 숨어 계시는 하나님을 더 많이 체험한다. 하나님을 믿고 의지하기에 더 많은 기대를 갖는 것이다.

인간의 몸으로 하나님과 가장 친밀하셨던 예수님도 숨어 계시는 하나님을 체험하셨다. "나의 하나님, 나의 하나님, 어찌하여 나를 버리셨나이까"(마 27:46b)라는 예수님의 절규는 십자가에서 숨으신 하나님의 모습을 나타낸다. 마르틴 루터는 "십자가에서 하나님은 감추이셨다"고 고백했다. 그는 중세 가톨릭 교회를 비판하면서 "가톨릭 교회는 십자가의 모욕과 고통 속에 숨어 계신 하나님을 발견하지 못했다"고 했다.

믿음으로 숨어 계신
하나님을 만난다

숨어 계신 하나님에 대한 고백은 이스라엘 민족의 멸망을 경험한 이사야 선지자를 통해 분명히 전해진다.

∞ 구원자 이스라엘의 하나님이여 진실로 주는 스스로 숨어
계시는 하나님이시니이다 사 45:15

이사야는 이스라엘 백성이 우상숭배의 죄로 멸망하고 바벨론의 포로로 끌려가게 될 것이라고 예언했다. 그의 예

언대로 이스라엘은 여기저기서 신음을 내며 무너져 가고 있었다. 신실한 하나님의 사람들은 하나님께 회복을 간구했을 것이다. 그러나 상황은 전혀 달라지지 않았다. 이스라엘이 바벨론에 의해 멸망하도록 내버려 두신 분은 숨어 계시는 하나님이었다.

그런데 14절을 보면 전혀 다른 이야기가 나온다.

> ∞ 여호와께서 이같이 말씀하시되 애굽의 소득과 구스가 무역한 것과 스바의 장대한 남자들이 네게로 건너와서 네게 속할 것이요 그들이 너를 따를 것이라 사슬에 매여 건너와서 네게 굴복하고 간구하기를 하나님이 과연 네게 계시고 그 외에는 다른 하나님이 없다 하리라 하시니라 사 45:14

15절과 14절은 서로 상반되는 것처럼 보인다. 15절에서는 숨어 계시는 하나님을 고백했는데, 14절에서는 이방 민족들이 이스라엘에게 와서 굴복하며 말하기를 "하나님이 과연 이스라엘 중에 계신다"고 한다. 14절은 장차 올 미래에 대한 예언이다. 그리고 15절은 현재 상황에서의 고백이다. 현재 멸망당한 이스라엘의 모습을 보면 하나님이 숨어 계시는 것처럼 느껴지지만 이 과정을 통하여 하나님이 이스라엘 중에 계신 분으로 나타날 거라고 말씀하시는 것이다.

하나님은 숨으심으로 자신을 나타내신다. 하나님의 숨으심은 피하고 도망하시는 것이 아니라 더 적극적으로 일하시는 것이다. 십자가에서 하나님의 침묵은 무능력이 아니라 영광스러운 임재의 능력이었다. 이러한 하나님의 침묵이 있었기에 우리가 부활의 승리 가운데 그분을 찬양할 수 있게 되었다.

그렇다면 하나님은 왜 자신을 숨기시는가?

첫째, 하나님은 인간에게 자신을 드러내실 때마다 반대로 제한하고 감추셔야만 한다. 하나님의 임재와 나타나심은 그 자체가 하나님이 자신을 제한하시는 것이다. 하나님은 멸하지 않는, 영원하신 분이기에 우리는 그분을 볼 수 없다. 보이지 않는 하나님이 보이는 세상에 자신을 나타내실 때에는 세상의 시간과 공간의 법칙에 자신을 제한하면서 나타나시는 것이다. 우리에게 나타나신 하나님보다 나타나지 않으신 하나님이 언제나 더 크다.

∞ 또 이르시되 네가 내 얼굴을 보지 못하리니 나를 보고 살 자가 없음이니라 출 33:20

모세는 주님의 영광 보기를 간구했지만 하나님은 인간이 당신의 얼굴을 보면 살 수 없다고 말씀하셨다. 이와 관련해 조나단 에드워즈(Jonathan Edwards)는 이렇게 말했다.

"하나님이 하늘의 성도들과 천사들도 감히 보지 못하는 당신의 모습을 드러내신다면 연약한 인간은 흔적도 남지 못할 것이다. 인간의 본성은 지극히 광대하신 하나님 존재의 무게를 도저히 감당하지 못한다. 그러므로 '하나님을 본 자는 죽음을 면치 못한다'는 말은 지극히 타당하다."

둘째, 하나님이 숨어 계시는 이유는 우리가 믿음으로 하나님의 임재를 체험하기 원하시기 때문이다. 하나님이 만일 이 땅의 모든 사람에게 단순히 자신의 존재를 알리기 원하셨다면 숨지 않으셨을 것이다. 그러나 하나님이 누구나 볼 수 있도록 직접적으로 자신을 드러내셨다면 믿음은 필요 없다. 이스라엘 백성은 하나님의 임재를 보지 못했기 때문에 타락한 것이 아니다. 그들은 하나님이 살아 계신다는 증거를 모두 체험하였다. 그러나 이상하게도 그들은 점차 타락했으며, 거역과 불순종으로 반응했다. 그들은 많은 기적을 체험했지만 그 기적 자체가 믿음을 성장시키지는 못했다.

오히려 이스라엘이 멸망했을 때, 하나님이 아무런 기적을 일으키시지 않은 상황 속에서 이사야를 비롯한 이스라엘의 남은 자들은 믿음으로 하나님을 찾았다. 하나님은 숨어 계셨지만 그들은 다시 하나님께 돌아오려 애썼다. 우리는 하나님을 눈으로 만나는 것이 아니라 믿음으로 만난다.

숨어 계시는 하나님을 믿음으로 만나는 것이다.

제2차 세계대전 후 독일 유대인 수용소 지하실 벽에서 낙서가 발견되었는데 이런 글이 적혀 있었다고 한다.

"해가 비치지 않을 때에도 나는 해가 있다고 믿는다.
사랑을 느낄 수 없을 때에도 나는 사랑이 있다고 믿는다.
하나님이 침묵하실 때에도 나는 하나님이 계시다고 믿는다."

장 칼뱅은 "비록 하나님의 능력이 불행 가운데 있는 신자들에게 감춰져 있다 할지라도 그들은 그것을 믿음의 눈과 약속의 거울로 보면서 고대한다"고 말했다. 보이는 것이 아니라 보지 못하는 것을 믿을 때 하나님이 영광받으신다. 예수님은 도마에게 "너는 나를 본 고로 믿느냐 보지 못하고 믿는 자들은 복되도다"(요 20:29) 말씀하셨다. 이처럼 숨어 계신 하나님, 침묵하시는 하나님이 여전히 살아 계시고 나를 사랑하신다는 사실을 믿을 때 하나님은 더욱 더 영광받으신다.

하나님은 숨으심으로
더 깊이 임재하신다

셋째, 하나님이 숨어 계시는 이유는 발견되는 기쁨을 누리시기 위해서다. 하나님은 인간이 발견할 수 없도록 하기 위해서 숨으시는 것이 아니다. 발견되려고 숨으시는 것이다.

어린 시절 즐기던 숨바꼭질 게임의 즐거움은 숨는 데 있지 않고 적절한 순간에 발견되는 것에 있다. 술래가 눈을 감는 사이에 전혀 찾을 수 없도록 완전히 숨어 버리면 즐거운 게임이 될 수 없다. 술래가 열심히 노력하면 찾을 만한 곳에 숨어 있다가 "찾았다!" 하고 소리치며 발견되는 데 숨바꼭질 게임의 기쁨이 있다.

마이스터 에크하르트(Meister Eckhart)는 이렇게 말했다.

"하나님은 먼 곳에 숨어 헛기침을 하면서 자신의 위치를 드러내는 사람과 같다."

넷째, 하나님은 우리가 그분 앞에서 살게 하기 위해서 은밀하게 숨어 계신다. 하나님은 숨어 계시나 우리는 하나님께 결코 숨겨지지 않는다. 만물은 하나님 앞에서 벗은 것처럼 드러난다. 하나님은 모든 만물의 본질을 보시며 우리 모든 삶을 아주 가까이 보고 계신다. 예수님도 우리의 신앙을 '내면의 은밀을 향하며 숨어 계시는 하나님을 모시고 사는 것'이라고 하셨다.

∞ **너는** 기도할 때에 네 골방에 들어가 문을 닫고 은밀한 중
에 계신 네 아버지께 기도하라 은밀한 중에 보시는 네 아
버지께서 갚으시리라 마 6:6

예수님이 골방에 들어가 문을 닫으라고 하신 것은 내면
의 은밀한 데까지 들어가라는 뜻이다. 물론 방에 들어가 문
을 닫는 것 자체가 은밀한 내면으로 들어가는 것은 아니다.
은밀한 장소 자체가 하나님을 만나게 하지는 못한다. 잡념
이 더욱 많아질 수도 있다. 그러나 분주한 일상을 떠나 자
신만의 골방으로 들어갈 때는 스스로를 정직하게 대면할
가능성이 커진다.

내면의 은밀한 데까지 들어가는 좋은 방법 중 하나가 큐
티다. 큐티의 목적은 나의 은밀한 삶 속으로 들어가 은밀히
계시는 하나님을 만나는 것이다. 나의 은밀한 삶에 하나님
과의 깊은 사랑의 관계가 있다면 하나님과 동행하는 삶을
체험할 수 있다.

하나님은 은밀히 숨어 계시며 또한 그때 우리에게 가장
가까이 임재하신다. "나를 간절히 찾는 자가 나를 만날 것
이니라"(잠 8:17b)고 하신 말씀처럼 하나님은 우리에게 발견
되기를 기뻐하신다.

숨어 계시는 하나님은 우리에게 선택권을 넘겨주신다. 하나님은 자신을 나타내시거나 감추시는 것에 자유하시다. 하나님은 이 세상의 문제에 개입하시거나 세상에 거절당하시는 데에도 자유하시다. 우리는 자유하신 하나님을 우리 마음대로 통제할 수 없다. 우리가 할 수 있는 것은 하나님을 만나고 알아가는 삶을 선택하여 우리 자신을 드리는 것뿐이다.

하나님이 숨어 계셔서 보이지 않는다고 스스로 우상을 선택하면 부끄러움을 당하게 된다. 그러나 숨어 계신 하나님을 믿음의 눈으로 보고 선택하면 영원한 구원을 얻게 된다.

숨어 계시는 하나님은 숨으심으로써 더 위대한 일을 하신다. 숨어 계시는 하나님은 우리에게 발견되기를 기뻐하신다. 숨어 계시는 하나님은 은밀한 가운데 우리에게 더 깊이 임재하신다.

3장

항상 일하시는 분이
안식을 누리신다

우리는 일과 안식을 서로 상충하는 것으로 여긴다. 일은 고통이며 안식은 즐거움으로 구분하기 때문이다. 그래서 이런 질문을 던진다.

"천국에는 일이 있나요? 천국은 일 없이 휴식만 있는 곳이지요?"

그러나 아쉽게도 천국은 일이 없는 곳이 아니다. 그곳에서도 여전히 일을 해야 한다. 다만 일과 안식이 상충해 고통스러운 것이 아니라 일과 안식이 완전한 조화를 이루고 있다. 천국의 통치자이신 하나님은 우리가 일하지 않고 빈둥대기보다는 일과 안식이 완전한 조화를 이루기 원하신다.

안식은
삶의 절정이다

하나님은 항상 일하시지만 일 가운데 안식을 누리신다. 하나님은 모든 일을 안식 가운데서 행하신다. 우리는 그리스도 안에서 하나님과 같이 안식을 누리며 그분과 함께 일하는 백성이 될 수 있다. 오직 그리스도 안에서만 하나님의 안식을 경험할 수 있다.

하나님은 우리를 하나님의 안식으로 초대하신다. 안식을 누리시는 그분의 패턴에 우리를 초청하신다. 안식을 누리시는 하나님의 패턴이 무엇인가? 하나님은 창조 때에 안식일을 제정해 주셨다. 창세기 2장 1-3절은 천지창조의 완성은 7일째 하나님이 안식하심으로 완성되었다고 말한다. "하시던 모든 일을 그치고 일곱째 날에 안식하시니라"(창 2:2)고 하신 것이 중요하다. 여섯째 날이 아니라 일곱째 날에 다 마치셨다! 일곱째 날에 쉬셨다고만 하지 않고 일곱째 날에 다 마치셨다고 했다. 이것은 일곱째 날의 안식이 창조의 한 영역이라는 말씀이다. 우리 역시 그 패턴으로 살아갈 때 하나님의 안식에 참여하게 된다. 하나님처럼 모든 일을 안식을 누리는 가운데 행할 수 있게 된다.

유대인 신학자 아브라함 헤셸(Abraham Joshua Heschel)은 안식을 이렇게 정의하였다.

"안식은 하나님이 창조하신 것 중에서 마지막 작품이자, 하나님이 의도하신 첫 번째 작품이다(Last Creation, First in Intention)."

안식이 천지창조의 목적이었다는 것이다. 6일간의 모든 창조가 하나님의 의도대로 만족스럽게 움직이도록 하신 것이 안식이다.

안식은 삶의 쉼표가 아니라 삶의 절정이다. 하나님이 이 날에 쉬셨고, 복되게 하셨고, 거룩하게 하셨기 때문이다. 우리가 안식을 지키고 누리는 것은 우리 삶에 쉼을 주고 복되고 거룩하게 하는 것이다. 삶의 만족과 기쁨과 행복을 누리는 것이다.

하나님은 6일 동안 우주 만물만 창조하신 것이 아니라 시간도 함께 창조하셨다. 하나님은 시간이 필요하신 분이 아니다. 인간을 위해 시간을 창조하신 것이다. 6일간의 창조는 공간 중심의 창조였다. 그런데 7일째 하나님은 그 일곱째 날을 복 주시고 거룩하게 하심으로 시간을 거룩하게 하셨다. 어느 날에도 복 주시고 거룩하게 하신 날이 없다. 심지어 인간을 창조하셨을 때에도 복 주시고 거룩하게 하셨다는 말씀이 없었다.

하나님이 가장 먼저 거룩하게 하신 것은 어떤 공간이나 물질이 아니고 일곱째 날이다. 6일간 만물이 창조될 때마다 하나님은 "보시기에 좋았다"고 하셨다. 그런데 7일째에는 '좋았더라'고 말씀만 하신 것이 아니라 거룩하게 하셨다. 안식과 행복과 거룩은 삼위일체처럼 본질상 서로 연결되어 있다. 안식이 복이고 복은 거룩이다. 거룩은 복이고 복은 안식이다. 이 모든 것이 제7일째 하나님이 행하신 일이다.

성경에서 최초로 '거룩'이라는 단어가 사용된 것은 공간이 아니라 시간에 대한 설명에서다. 사람들은 공간 중심으로 살아간다. 인류의 문명이란 사람들이 자신의 시간을 희생하여 공간을 만들어 낸 것이다. 세상의 종교들은 신이 공간 속에 살고 있다는 생각으로 공간을 거룩하게 만든다. 종교학에서 주로 던지는 질문은 '신은 어디에 있는가?'이다. 신을 영이 아니라 물체로 생각하기 때문에 공간 속에만 있다고 믿는 것이다. 그래서 믿음이 없는 이들은 신의 형상, 곧 우상을 만들어 낸다.

그런데 공간은 하나님을 닮지 않았다. 바다가 아무리 넓어도 하나님의 영광을 다 담을 수 없고, 산이 아무리 높아도 하나님의 영광에 이를 수 없다. 도리어 시간 속에서 하나님 닮은 것을 찾을 수 있다. 시간은 영원과 다른 차원이지만 영원과 잇대어 있는 것은 공간이라기보다 시간이기 때문이다. 하나님은 영이시고 영원하신 분이기 때문이다.

아브라함 헤셸에 의하면, 안식이란 시간 속의 거룩함이다. 세상 종교는 공간 속의 거룩함을 말하지만 성경은 시간 속의 거룩을 말씀한다. 7일 중 하루를 거룩한 시간으로 구별하는 것이 창조질서를 믿고 순종하는 것이다. "시간 가는 줄 몰랐다"는 좋은 말이 아니다. 우리는 세월을 느끼며 시간을 음미하고 살아야 한다. 영원을 맛보는 유일한 통로는 시간이기 때문이다.

일과 안식의 조화는
선택이 아니라 명령이다

하나님은 출애굽기의 십계명에 이러한 창조의 패턴을 계명으로 제정해 주셨다. 십계명의 네 번째 계명으로 "안식일을 기억하여 거룩히 지키라"는 말씀을 주신 것이다. 이 말씀은 하나님께서 하신 것처럼 우리의 모든 삶을 6일간 일하고 하루 안식을 취하는 6+1의 패턴에 맞추라는 것이다. 하나님 안에 있는 일과 안식의 조화를 인간에게도 나누어 주시기 위해 제정하신 것이다. 하나님은 이렇게 안식을 계명으로 주심으로 일과 안식의 조화와 균형에 우리를 초대하셨다.

십계명에서 안식일 계명을 가장 상세히 네 구절이나 할애하여 설명하셨다는 점은 중요하다.

∞ 안식일을 기억하여 거룩하게 지키라 엿새 동안은 힘써 네 모든 일을 행할 것이나 일곱째 날은 네 하나님 여호와의 안식일인즉 너나 네 아들이나 네 딸이나 네 남종이나 네 여종이나 네 가축이나 네 문안에 머무는 객이라도 아무 일도 하지 말라 이는 엿새 동안에 나 여호와가 하늘과 땅과 바다와 그 가운데 모든 것을 만들고 일곱째 날에 쉬었음이라 그러므로 나 여호와가 안식일을 복되게 하여 그

안식일 계명은 창조 때에 보여 주신 일과 안식을 구체적으로 어떻게 지켜야 할지 명령하신 것이다.

첫째, 우리 삶의 전체적인 틀을 일과 안식의 구조에 맞추라는 것이다. 그러므로 우리는 시간의 주인이 내가 아니라 하나님이심을 기억하며 7일마다 하나님의 주권을 인정하는 연습을 해야 한다. 이 계명은 그저 잠시 쉬는 것이 아니라 시간을 하나님의 이름으로 온전히 내는 것이다. 시간이 자기 것이라고 착각하고 있는 세상을 향해 도전장을 던지는 것이다.

둘째, 자신을 의지하지 말고 하나님을 의지하며 살라는 것이다. 안식일을 지킨다는 것은 인생을 내 능력이 아니라 공급해 주시는 하나님의 능력으로 살아간다는 고백이다. 즉 진정한 안식일은 단지 하루에 대한 계명이 아니라, 엿새 동안에 힘써 일하는 것을 포함한다.

안식일 명령은 6일간의 노동과 하루의 안식으로 구성된다. 즉 안식일 명령은 6일간의 노동을 포함한다. 만일 6일 동안 힘써 일하지 않았다면 하루 안식한다고 해도 안식일 계명에 온전히 순종한 것이 아니다. 이것은 세상의 시간과 하나님의 시간을 구별하는 것이 아니라 하루로 나머지 6일을 하나님의 시간으로 바꾸는 것을 의미한다.

셋째, 안식일은 우주적인 것이다. 사람만이 아니라 동물까지도 안식해야 한다. 하나님은 창조 세계의 중심에 안식을 두셨다. 하나님이 이 세상을 지키고 돌보고 계심을 인정하라는 말씀이다.

신학자 토마스 아퀴나스(Thomas Aquinas)는 하나님이 안식일 계명을 주신 이유를 이렇게 설명했다.

"미래가 되면 몇몇 사람들이 나타나 이 세상은 늘 존재해 왔다고 헛소리할 것이라고 성령님이 내다보셨기 때문이다."

이 세상이 하나님의 돌보심 없이도 자신의 힘으로 충분히 운영될 수 있다고 말하지 못하도록 하나님이 7일 중 하루를 안식하라고 하셨다는 것이다.

기독교 윤리학자 스탠리 하우어워스(Stanley Hauerwas)는 안식일의 경제적 의미에 대하여 이렇게 말했다.

"우리는 안식일 하루, 부자와 빈자 사이에 그리 큰 차이가 존재하지 않는 세상을 경험한다. 현대 사회에서는 부자들만이 일손을 놓을 수 있다. 가난한 사람들은 생존을 위해 일을 한다. 그러나 안식일이 되면 이 모든 것들이 수정되고 평가되고 재조정되며, 경제 제도가 하나님의 뜻에 합당하게 편성된 것이 아님을 우리는 기억하게 된다."

안식일은 믿음으로 참여하는 모든 사람을 하나님 앞에서 평등하게 만드는 하나님의 질서다.

공산주의나 사회주의 같은 제도로 사회는 평등해질 수 없다. 도리어 더 큰 불평등만 생겨난다. 그런데 일과 안식이라는 하나님의 질서가 세상 속에 들어오면 모든 사람이 하나님 앞에서 평등해진다. 안식일을 제대로 지키면 인격이 점점 하나님의 성품을 닮아 가게 되어 있다. 하나님이 6일간의 창조와 더불어 하루의 안식을 누리셨기 때문이다. 하나님을 닮아 가는 사람은 일과 안식을 조화롭게 누린다. 안식일은 어떤 규칙을 지키는 날이 아니라 인격의 윤리를 새롭게 변화시키는 날이 되어야 한다. 보다 깊은 의미에서 보면 우리가 안식일을 지키는 것이 아니라 안식일이 우리를 지키는 것이다.

안식을 누리는 삶이
영생을 누리는 삶이다

흘러가는 시간 속에서 안식일로 거룩한 시간을 구별하는 것은 영원과 접촉하는 것이다. 영원을 느끼며 그 속에 사는 것이다. 그리고 그 영원을 나머지 6일 동안의 모든 날에 적용하는 것이다. 안식을 누리는 삶은 곧 영생을 누리는 삶이다. 안식에 들어가기를 힘쓰는 것은 이 땅에서 영생을 누리며 살아가는 것이다.

영성신학자 마르바 던(Marva J. Dawn)은 《안식》(*Keeping the Sabbath wholly*)에서 안식을 온전히 지키기 위해서 필요한 네 가지 단계를 제시한다.

첫째, 그치는 것(ceasing)이다. 무엇을 그치는가? 더 성취하려는 욕심, 근심과 염려, 하나님이 되려는 노력, 시대의 문화에 순응하려는 태도를 그치는 것이다.

둘째, 쉬는 것(resting)이다. 영적, 육체적, 정서적, 지적, 사회적으로 쉬는 것이다.

셋째, 받아들이는 것(embracing)이다. 삶 속에서 하나님의 부르심에 화답하며 하나님 나라의 가치, 즉 요구하기보다 주는 삶을 받아들이는 것이다.

넷째, 기뻐하는 것(feasting)이다. 영원한 생명과 주어진 아름다움을 기뻐하고, 서로를 소중히 여기는 것이다.

일을 그치고 쉰다는 것은 안식의 한 부분일 뿐이다. 그치는 것에서 쉬는 것으로 나아가고, 쉬는 것에서 받아들이는 것으로 나아가고, 받아들이는 것에서 기뻐하는 것으로 나아가야 진정한 안식을 누릴 수 있다.

히브리서 4장 1-2절은 과거 이스라엘이 가나안 땅을 정복하는 역사를 안식을 위하여 싸운 전쟁이라고 해석한다. 이스라엘의 가나안 정복사는 창조 때에 주신 안식을 회복하는 전쟁의 역사적 상징이었다. 그 안식은 믿음으로 일할 때 주어지는 것이다. 히브리서 저자는 안식에 들어가지 못한 사람들이 왜 실패했는가를 이렇게 설명한다.

> ∞ 그러므로 우리는 두려워할지니 그의 안식에 들어갈 약속이 남아 있을지라도 너희 중에는 혹 이르지 못할 자가 있을까 함이라 그들과 같이 우리도 복음 전함을 받은 자이나 들은 바 그 말씀이 그들에게 유익하지 못한 것은 듣는 자가 믿음과 결부시키지 아니함이라 히 4:1-2

안식은 어떻게 누리는가? 들은 말씀에 믿음을 연합시켜야 한다. 안식을 누리지 못하는 이유는 바로 말씀과 믿음을 연합시키지 못했기 때문이다. 믿음은 곧 순종이다. 따라서 '말씀+믿음=안식'이라는 등식이 성립된다.

우리가 하나님 안에서 믿음으로 일한다면 일 가운데서도 안식을 경험할 수 있다. 하나님의 말씀을 믿는 믿음이 있어야 근심과 염려, 더 가지려는 성취욕을 그칠 수 있다. 믿음이 있어야 온전하게 쉴 수 있고, 하나님의 소명을 받아들일 수 있다.

죽음 너머의 삶을 영원한 안식이라고 한다. 미래에 얻게 되는 안식이다. 그러나 안식은 미래에만 얻을 수 있는 것이 아니다. 현재 얻을 수 있고 누려야 하는 안식이 있다. 하나님이 주시는 소명 가운데서 안식을 누리며 일하는 것이다.

∞ 그러므로 우리가 저 안식에 들어가기를 힘쓸지니 이는 누
구든지 저 순종하지 아니하는 본에 빠지지 않게 하려 함
이라 히 4:11

참된 믿음으로 일하는 성도들은 하나님이 맡기신 일에
충성을 다하며 동시에 하나님이 약속하신 안식을 누린다.
이 둘 사이에 갈등은 존재하지 않는다. 그들은 안식을 바라
보고 일하며, 또한 안식은 일이 가능하도록 역사한다. 하나
님은 항상 일하시며 또한 안식을 누리시는 분이기에 그 하
나님의 안식에 들어간 성도는 항상 일하며 또한 안식을 누
린다.

4장

완전히 선하신 분이
택한 자를 연단하신다

하나님은 선하신 분이다. 그 사실을 알고 믿고 체험하고 있는가?

∞ **너희는 여호와의 선하심을 맛보아 알지어다 그에게 피하는 자는 복이 있도다** 시 34:8

하나님의 선하심은 종교적으로 덧붙인 단어가 아니라 매우 실제적이고 현실적인 말이다. '선'은 '악'의 반대말이다. 악은 곧 나쁘다는 것이다. 무엇이 옳은지 알지만 그대로 행하지 않는 것이다. 선하다는 것은 아는 대로 행하는 것이다. 하나님은 전지전능하신 분이기에 만물의 최고 선을 분명히 알고 계시며, 또 아는 대로 행하신다.

그런데 하나님의 선하심에 의심이 일어날 때가 있다. 예수님은 우리가 하나님의 선하심에 얼마나 많은 의문을 품는지 아시기에 "나는 선한 목자다"라고 자신을 소개하셨다. 무엇으로 그분의 선하심을 알 수 있는가?

첫째, 예수님은 자신의 생명을 내놓기까지 희생하셨기 때문에 선하신 목자다.

∞ **나는 선한 목자라 선한 목자는 양들을 위하여 목숨을 버**

리거니와… 나는 양을 위하여 목숨을 버리노라 요 10:11,
15b

둘째, 예수님은 자신의 양들과 친밀함을 나누시기 때문
에 선하신 목자다.

∞ 나는 선한 목자라 나는 내 양을 알고 양도 나를 아는 것
이 아버지께서 나를 아시고 내가 아버지를 아는 것 같으니
요 10:14-15a

선한 목자는 양을 안다. 양도 선한 목자를 안다. 양이 목
자를 알 수 있는 이유는 목자가 양에게 자신을 알려 주었기
때문이다. 여기서 '안다'는 것은 지식적인 앎이 아니다. 친
밀한 경험으로 아는 것을 말한다.

셋째, 예수님은 우리에 속하지 않은 양들까지도 깊이 사
랑하시기 때문에 선하신 목자다.

∞ 또 이 우리에 들지 아니한 다른 양들이 내게 있어 내가 인
도하여야 할 터이니 그들도 내 음성을 듣고 한 무리가 되
어 한 목자에게 있으리라 요 10:16

그렇다면 우리는 그분을 선하신 목자라고 고백할 수 있

는가? 혹시 나에게 좋은 일이 일어날 때만 하나님은 선하신 분이라고 고백하는 것은 아닌가? 받아들이기 어려운 고난 속에서도 같은 고백을 할 수 있는가?

사랑하시기에
강하게 연단하신다

하나님이 고통스러운 상황과 슬픔을 허락하시는 이유는 하나님의 선하심 때문이다. 하나님이 택하신 자녀도 고난을 통해 연단받을 때는 하나님의 선하심을 의심할 수 있다. 그러나 우리는 좋은 일만이 아니라, 원치 않는 고난을 통해서도 하나님의 선하심을 맛본다.

우리는 종종 자연의 섭리 속에서 하나님의 선하심을 발견한다. 독수리가 둥지를 만드는 기술은 매우 절묘하다. 먼저 나뭇가지를 깔고 그 위에 작은 돌들을 올려놓는다. 그리고 그 위에 부드러운 깃털을 덮은 후 알을 낳고 새끼를 키운다. 그런데 새끼가 어느 정도 자라서 독립할 때가 되면 어미 독수리는 부드러운 깃털을 치워 버린다. 새끼 독수리들은 그동안 편안했던 깃털이 없어지니까 딱딱한 돌들과 날카롭게 찌르는 나뭇가지 때문에 고통을 겪게 되고, 결국 둥지를 떠날 결심을 한다. 그렇게 새끼 독수리들은 하늘을 나는 연습을 시작한다.

이렇게 연단받은 독수리들은 폭풍의 위협 앞에서도 용기 있게 반응한다. 칠면조와 독수리는 폭풍의 위협 앞에서 정반대의 반응을 보인다. 칠면조는 폭풍이 오면 헛간 아래에 숨어서 피하지만, 독수리는 날개를 펴고 올라 폭풍의 기류를 타고 높이 솟아오른다. 폭풍의 힘을 이용하면 오히려 더 높이 솟아오를 수 있다는 사실을 아는 것이다. 만일 부드러운 깃털을 치워 버리는 어미 새의 용기가 없었다면 새끼 독수리들은 폭풍을 뚫고 나갈 힘을 얻지 못했을 것이다.

선하신 하나님은 택하신 백성을 연단하신다. 사랑하기에 강건하게 만드시는 것이다. 위대한 하나님의 사람들은 한결같이 하나님의 연단 속에서 만들어진다.

예수의 형상이
나타날 때까지 연단하신다

우리는 매일같이 혼자서는 해결할 수 없는 많은 문제와 씨름한다. 때로는 그 문제들이 기적적으로 해결되는 은혜도 경험하지만 대부분은 그대로 남아 있다. 하나님이 문제를 기적적으로 해결해 주시지 않는 이유는 무엇인가. 그분은 우리를 연단하시는 분이기 때문이다.

출애굽은 위대한 하나님의 능력을 보여 주신 기적의 사건이다. 하나님의 원수가 무너지고, 하나님의 백성을 괴롭히는 민족들이 항복한 사건이다. 시편 66편은 이러한 사건을 통해 기적을 베푸신 하나님의 능력을 찬송하고 있다. 시편 66편은 크게 두 부분으로 나뉜다. 1-9절은 바다를 육지로 변하게 하여 출애굽 시키신 하나님을 찬양하고 있다.

> ∞ 와서 하나님께서 행하신 것을 보라 사람의 아들들에게 행하심이 엄위하시도다 하나님이 바다를 변하여 육지가 되게 하셨으므로 무리가 걸어서 강을 건너고 우리가 거기서 주로 말미암아 기뻐하였도다 시 66:5-6

그런데 10절부터는 전혀 반대되는 주제로 하나님을 찬양한다. 우리를 시험하고 연단하시는 하나님을 노래한다.

> ∞ 하나님이여 주께서 우리를 시험하시되 우리를 단련하시기를 은을 단련함같이 하셨으며 시 66:10

하나님은 자기 백성을 위해 기적의 은혜를 베푸시는 분이지만 동시에 자기 백성을 연단시키시는 분임을 고백한다. 특별히 은을 단련함같이 우리를 연단하신다고 한다.

시대마다 금과 은의 가치 평가가 다르다. 금의 가치를 더 높게 쳐주던 시대도 있었고, 은의 가치를 더 높게 쳐주던 시대도 있었다. 구약에서는 대체로 금과 은의 순서를 뒤바꾸어 말한다. 같은 구절에서 이 두 금속을 함께 언급하는 경우가 약 120회 정도 되는데, 금을 먼저 말하는 경우는 40회가 안 된다. 주전 16세기에는 은이 금보다 훨씬 더 높은 평가를 받았다는 고고학적인 증거들이 있다. 이스라엘 민족은 애굽에서 오랫동안 종살이를 했기 때문에 문화적으로 애굽 당시 고대 근동의 문화와 가치관이 스며 있다. 그래서 모세오경에서는 은을 금속 중의 왕으로 여겼던 시대의 세계관대로 은을 금보다 더 앞서 기록하는 경우가 많다. 예를 들어 요셉의 형들이 자신들의 억울함을 호소하면서 이렇게 말했다.

∞ 우리가 어찌 당신의 주인의 집에서 은 금을 도둑질하리이까 창 44:8b

구약 후반부로 갈수록 시대적으로 금이 은보다 더 높은 가치로 평가받았다. 주전 6세기 이후에는 금이 더 중요한 금속이 되었다. 그런데 주목할 것은 이렇게 금이 은보다 더 가치 있는 시대임에도 불구하고 성경 저자들은 대체로 은

을 먼저 언급하고 있다는 것이다. 특별히 연단한다고 할 때
는 은에 비유하는 표현을 더 자주 사용하고 있다.

> ∞ 그가 은을 연단하여 깨끗하게 하는 자같이 앉아서 레위
> 자손을 깨끗하게 하되 금, 은같이 그들을 연단하리니 그
> 들이 공의로운 제물을 나 여호와께 바칠 것이라 말 3:3

성경은 하나님을 은을 연단하듯이 자기 백성을 연단하
시는 분으로 비유하고 있다. 은을 강조하는 데에는 두 가지
이유가 있다.

첫째, 은을 연단하는 과정은 모든 면에서 어떤 금속보다
훨씬 더 정교하고 신경을 많이 써야 하는 작업이라고 한다.
은은 영혼을 상징한다. 즉 영혼을 깨끗하게 하는 과정은 은
을 연단하는 작업처럼 매우 세심히 관심을 기울여야 한다
는 것이다. 은은 녹을 때 '쉿' 하는 소리와 함께 거품을 내면
서 산소를 약 스무 번 정도 내뿜는다고 한다. 그런데 녹은
은이 탄소와 함께 처리되지 않으면 공기에서 산소를 다시
흡수하게 되어 순수성을 잃어버린다. 그래서 산소가 은에
다시 들어가지 않고 빨리 탄소와 함께 처리될 수 있도록 해
야 한다.

하나님은 우리 영혼을 깨끗하게 정화하시기 위해 불같
은 시험과 고난으로 연단하신다. 그때마다 매 순간 세심하

게 간섭하고 보살피신다. 즉 연단의 시간이란 하나님이 우리를 그냥 내버려 두거나 버려두시는 시간이 아니다. 깊은 관심과 사랑을 가지고 우리를 고치시는 작업의 시간이다.

둘째, 은을 제련할 때 완성되었음을 알게 하는 극적인 순간이 온다고 한다. 그 순수하고 투명한 액체 상태의 은에 제련사의 모습이 비치는 액체 거울이 되는 것이다. 그래서 제련사들은 은에 자기 모습이 거울처럼 비칠 때까지 계속해서 연단한다.

이것은 하나님이 우리를 언제까지 연단하실지를 보여 준다. 과연 하나님의 연단은 언제까지 이어지는가. 바로 우리에게서 예수 그리스도의 형상이 보일 때까지다. 하나님은 우리를 있는 그대로 사랑하신다. 그러나 결코 그대로 내버려 두시지는 않는다. 하나님은 우리가 예수님처럼 되기를 원하신다. 우리를 연단하시는 하나님의 계획과 목표는 오직 한 가지, 우리를 예수 그리스도의 형상으로 빚으시는 것이다.

맥스 루케이도(Max Lucado)는 《예수님처럼》(Just Like Jesus)에서 천국에서 이루어지는 놀라운 일들을 이렇게 설명한다.

"천국의 모든 복 중에서도 가장 큰 복의 하나는 바로 당신이 될 것이다. 당신은 하나님의 걸작품, 그분의 예술작품이 될 것이다. 천사들이 흠모할 것이다. 하나님의 작품은 완성될 것이다. 마침내 당신은 그분의 마음을 알 것이다.

당신은 완전한 사랑으로 사랑하게 될 것이다. 당신은 광채나는 얼굴로 예배하게 될 것이다. 당신은 하나님의 말씀을 단어 하나까지 듣게 될 것이다. 당신의 마음은 순결할 것이요, 당신의 말은 보석 같을 것이요, 당신의 생각은 보화 같을 것이다. 당신은 예수님처럼 될 것이다. 마침내 당신은 그분의 마음을 품게 될 것이다. 예수님의 마음을 상상해 보라. 그것이 당신의 마음이 될 것이다. 죄 없는 마음, 기쁨과 감격의 마음, 지칠 줄 모르는 예배의 마음, 흠 없는 분별의 마음, 마르지 않는 깨끗한 계곡의 물처럼 당신의 마음도 그렇게 될 것이다. 당신은 예수님처럼 될 것이다."

내면의 불순물이
모두 타 없어질 때까지 연단하신다

연단을 통과하면서 우리 내면은 불순물들이 제거되어 순수하게 변화한다. 하나님이 주시는 시험과 사탄이 주는 시험을 어떻게 구별하는가? 하나님이 주시는 시험은 사람을 순수하게 변화시켜 간다. 그러나 사탄이 주는 시험은 우리를 더욱 더럽게 변화시킨다. 욥은 불 같은 연단의 과정을 통과하면서 이렇게 고백했다.

∞ 그러나 내가 가는 길을 그가 아시나니 그가 나를 단련하

신 후에는 내가 순금같이 되어 나오리라 욥 23:10

욥이 알고 있는 것은 오직 한 가지뿐이었다. 하나님이 자신을 연단하고 계시다는 것, 그리고 이 연단이 끝나면 자신은 순금 같은 사람이 될 것이라는 사실이다. 그는 자신이 모든 것을 다 잃어도 결국 정금 같은 자기 자신만큼은 남을 것이라는 믿음이 있었다.

욥이 겪은 고난에 대한 일반적인 해석은 '무죄한 자도 고난받는다'는 것이다. 그러나 이 구절은 욥과 같이 의로운 사람, 하나님이 자랑하실 만한 의인에게도 더욱 타 없어져야 할 불순물이 남아 있다고 해석하는 것이 올바르다. 욥과 같은 성도도 하나님이 연단하신다. 욥에게도 타 없어져야 할 것이 남아 있었는데, 하물며 우리는 얼마나 많은 불순물이 남아 있을 것인가!

스코틀랜드 출신의 장로교 목사인 새뮤얼 루더포드(Samuel Rutherford)는 극심한 고난의 한복판에서 이렇게 외쳤다.

"망치와 쇠붙이를 자르는 줄과 용광로를 인하여 하나님을 찬양하라."

망치와 줄과 용광로는 모두 괴롭게 하는 것들이다. 이중 가장 잔인하게 느껴지는 것은 용광로다. 용광로는 그곳에

들어가는 모든 것을 무정하고 잔인하게 태워 버린다. 타기를 거부하는 그 어떤 것이라도 용광로 속에서는 녹아 없어진다. 우리 안의 불순한 죄들 역시 타 없어져야 한다. 우리의 마음은 하나님 앞에서 녹아야 한다. 하나님 아들의 거룩하고 순결한 형상이 거울처럼 비쳐 있는 그대로 보일 때까지 녹아야 한다.

하나님은 우리 안의 불순물을 태워 없애시는 분이다.

∞ 그러므로 우리가 흔들리지 않는 나라를 받았은즉 은혜를 받자 이로 말미암아 경건함과 두려움으로 하나님을 기쁘시게 섬길지니 우리 하나님은 소멸하는 불이심이라 히 12:28-29

우리 하나님이 "소멸하는 불"이신 것은 태워도 타지 않는 것만이 영원히 존재하게 하시려는 목적 때문이다. 불의 본질은 순수함이다. 무서울 정도로 순수하여 불처럼 순수하지 않은 것은 모조리 불살라 태워 버린다. 하나님이 온전히 순수한 분이심을 불로 나타내시는 것이다.

하나님은 우리가 불처럼 순수하게 예배하지 않을 경우에 우리를 태우시는 것이 아니라, 우리가 순수하게 예배드릴 때까지 우리를 태우신다. 하나님은 코로나19 사태로 혼란에 빠진 한국 교회를 깨끗게 하길 원하신다. 그분은 우리 안에 순수하지 않은 모든 것을 불로 태우신다. 하나님은 순수하지 않은 것을 결코 용납하실 수 없는 분이기 때문이다. 이렇게 정결하지 않은 것을 불로 태우시는 이유는 사랑 때문이다. 하나님은 사랑이시기에 태워 버리시는 불이다.

조지 맥도널드 목사(George MacDonald)는 이렇게 말했다.

"사랑의 변치 않는 목표는 상대가 절대적으로 사랑스러운 모습이 되는 것입니다. 상대의 사랑스러움이 불완전하여 한껏 사랑할 수 없을 때, 사랑은 상대를 더욱 사랑스럽게 만들고자 전력을 다합니다. 그래야 더 사랑할 수 있기 때문입니다. 그러므로 사랑받는 자 안에 있는 아름답지 않은 모든 것, 사랑을 가로막고 사랑에 어울리지 않는 모든 것은 파괴되어야 합니다. 그래서 우리 하나님은 소멸하시는 불이십니다."

사랑의 대상 안에 있는 사랑스럽지 않은 것, 사랑에 어울리지 않은 모든 것을 소멸시켜 사랑스럽게 변화시키기 위해서 하나님은 태워 없애는 불로 임하시는 것이다. 하나님의 불은 모든 불순한 것들이 타버린 후에도 우리 안에서 계속 타오른다. 불 같은 시험이 아무리 고통스러울지라도 이 시험을 통과하면 더욱 사랑스러워진다. 더욱 정결해지기 때문이다. 시험이 크고 강할수록 더욱 사랑스러운 자가 되는 것이다.

하나님이 우리를 연단하실 때 우리는 하나님을 오해하

고 실망하기 쉽다. 믿음을 잃어버릴 때도 있다. 하나님이 도와주셔서 기적이 일어날 것으로 기대했지만 기대가 산산이 부서졌을 때 우리는 실망한다. 그러나 기적은 또 다른 기적을 요구한다. 기적은 대개 우리가 하나님께로 돌아오게 하기보다는 기적 그 자체에 우리를 중독시켜 버린다.

하나님은 이스라엘을 애굽에서 이끌어 내실 때 열 가지 기적을 눈앞에 나타내셨다. 그런데 신명기를 보면 이스라엘이 광야를 지나고 있을 때 그들은 하나님께 적어도 열 번 이상 반역했다. 신명기에 기록된 이스라엘 백성의 불순종과 반역을 보면 하나님이 베풀어 주신 기적과 권능도 그분이 가장 원하시는 일을 이루지 못했다는 것을 알 수 있다. 기적 속에서 하나님의 백성이 하나님을 변함없이 사랑하고 의지하는 일은 이루어지지 않은 것이다.

그래서 히브리서 기자는 하나님이 사랑하시는 또 다른 방법에 대하여 이렇게 설명하고 있다.

∞ 주께서 그 사랑하시는 자를 징계하시고 그가 받아들이시는 아들마다 채찍질하심이라 하였으니 너희가 참음은 징계를 받기 위함이라 하나님이 아들과 같이 너희를 대우하시나니 어찌 아버지가 징계하지 않는 아들이 있으리요 징계는 다 받는 것이거늘 너희에게 없으면 사생자요 친아들이 아니니라 또 우리 육신의 아버지가 우리를 징계하

여도 공경하였거든 하물며 모든 영의 아버지께 더욱 복종하며 살려 하지 않겠느냐 그들은 잠시 자기의 뜻대로 우리를 징계하였거니와 오직 하나님은 우리의 유익을 위하여 그의 거룩하심에 참여하게 하시느니라 무릇 징계가 당시에는 즐거워 보이지 않고 슬퍼 보이나 후에 그로 말미암아 연단 받은 자들은 의와 평강의 열매를 맺느니라

히 12:6-11

연단이 하나님께서 사랑하시는 자녀를 거룩하게 변화시키는 도구임을 믿음으로 받아들일 때 괴로움이 기쁨으로 변화될 수 있다.

∞ 내 형제들아 너희가 여러 가지 시험을 당하거든 온전히 기쁘게 여기라 이는 너희 믿음의 시련이 인내를 만들어 내는 줄 너희가 앎이라 인내를 온전히 이루라 이는 너희로 온전하고 구비하여 조금도 부족함이 없게 하려 함이라

약 1:2-4

이 땅에 살면서 하나님의 연단을 기꺼이, 즐거이, 감사함으로 받을 때 우리는 천국에서뿐만 아니라 오늘 이 땅에서 변화받아 천국의 삶을 더욱 누리게 될 것이다.

5장

모든 것을 아시는 분이
모든 것을 듣고자 하신다

P. T. 포사이스(Forsyth)는 《영혼의 기도》에서 "가장 악한 죄는 기도하지 않는 것"이라고 말했다. 죄는 우리가 기도하지 않도록 가로막는다. 기도는 육신의 본능을 거스르는 행위이기 때문이다. 우리가 기도하지 않는 이유는 너무 바빠서가 아니다. 우리 안에 있는 죄가 기도를 막고 있기 때문이다.

> ∞ 여호와의 손이 짧아 구원하지 못하심도 아니요 귀가 둔하여 듣지 못하심도 아니라 오직 너희 죄악이 너희와 너희 하나님 사이를 갈라놓았고 너희 죄가 그의 얼굴을 가리어서 너희에게서 듣지 않으시게 함이니라 사 59:1-2

죄는 우리가 기도하지 않도록 막을 뿐만 아니라 기도하면서조차 죄를 짓게 만든다. 기도하면서 짓는 죄란 무엇인가? 하나님 앞에서 자신을 감추고 거짓된 모습으로 기도하는 것이다. '죄가 인간의 영혼에 남긴 상처가 얼마나 깊은가?' 하는 문제는 하나님 앞에서 기도할 때조차도 진실하지 못한 인간의 모습에서 답을 찾을 수 있다.

그래서 C. S. 루이스(Lewis)는 모든 기도보다 앞서야 하는 기도가 있다고 했다. 그것은 "기도하는 이가 진정 나이게

하시고, 내가 기도드리는 분이 진정 하나님이게 하소서"라
고 기도하는 것이다. 사람들은 기도에서 가장 중요한 문제
가 '무슨 말을 어떻게 할 것인가?'라고 생각하지만, 사실 기
도에서 말이 차지하는 비중은 가장 낮다. 문제는 루이스가
지적한 대로 '기도하고 있는 이가 진정한 나 자신인가?' 하
는 것과 '내가 기도하고 있는 대상이 진정 하나님이신가?'
하는 것이다.

모든 것을 아시는 분이
왜 기도하라 하시는가?

우리가 기도드리는 하나님은 어떤 분인가? 모든 것을 샅
샅이 알고 계시는 분이다.

> ∞ 여호와여 주께서 나를 살펴 보셨으므로 나를 아시나이
> 다 주께서 내가 앉고 일어섬을 아시고 멀리서도 나의 생
> 각을 밝히 아시오며 나의 모든 길과 내가 눕는 것을 살
> 펴 보셨으므로 나의 모든 행위를 익히 아시오니 여호와여
> 내 혀의 말을 알지 못하시는 것이 하나도 없으시나이다 시
> 139:1-4

∞ 그들이 부르기 전에 내가 응답하겠고 그들이 말을 마치기

전에 내가 들을 것이며 사 65:24

하나님은 우리가 부르기도 전에 대답하시고, 말을 혀에 담기도 전에 모든 것을 다 아시는 분이다. 내가 말하지 않아도 이미 내 생각과 간절함을 밝히 알고 들어주실 수 있는 분이다. 그런 하나님이 왜 인간에게 쉬지 말고 기도하라고 하시는가? 왜 먼저 우리로부터 듣고자 하시는가?

그 이유는 첫째, 우리가 하나님 앞에서 자신을 정직하게 드러내기 원하시기 때문이다. 세상 그 어떤 종교도 신 앞에서 자신을 정직하게 드러내며 기도하라고 하지 않는다. 단지 정성을 들여 신을 감동시켜야 한다고 말한다. 그들이 말하는 신은 인격적이지 않다. 그래서 신을 의지하기보다 인간의 간절함이나 노력 자체를 의지한다. 그들은 신에게 자신의 필요를 알려 주어야 신이 듣고 일한다고 믿는다. 만약 내가 기도를 통해 하나님을 의지하지 않고 나 자신의 노력이나 기도하는 행위 자체를 의지하면 그것은 이방 종교인들의 기도가 된다.

하나님은 인간이 말해 주어야 그 필요를 아시는 분이 아니다. 하나님은 우리가 기도하기도 전에 무엇이 필요한지, 무엇이 있어야 하는지를 알고 계신다. 그러므로 우리가 해야 할 일은 하나님 앞에 나 자신을 정직하게 드러내는 것이

다. 모든 것을 아시는 하나님 앞에 모든 것을 고함으로써 정직한 마음을 배워 가야 한다.

예수님은 하나님과 깊이 교제하는 기도를 위해서 우리가 어떻게 해야 하는지 가르쳐 주신다.

> ∞ **너는** 기도할 때에 네 골방에 들어가 문을 닫고 은밀한 중에 계신 네 아버지께 기도하라 은밀한 중에 보시는 네 아버지께서 갚으시리라 마 6:6

우리가 은밀한 중에 계신 하나님께 나아가야 하는 이유는 나의 문제와 기도 제목을 이미 다 아시는 하나님 앞에 정직하게 서기 위해서다. 그러기 위해서는 다른 사람의 시선을 의식하지 않고 골방에 들어가 문을 닫고 홀로 기도하는 것이 중요하다. 그렇지 않으면 하나님을 정직하게 대면하기보다 기도하는 척하며 겉모습을 포장하기 쉽다. 찰스 스펄전(Charles Haddon Spurgeon)은 "혼자 기도하지 않으면 전혀 기도하지 않은 것이다"라고 말했다. 기도의 삶을 살았던 로버트 맥체인(Robert Murray M'Cheyne)은 "하나님 앞에 홀로 무릎 꿇는 것, 그것이 인간 본연의 모습이다"라고 말했다.

그런데 아무도 없는 시간과 공간에 혼자 있다고 해서 저절로 기도가 이루어지는 것은 아니다. 골방에 들어가 문을 닫는다고 해서 마음속에 있던 불안과 두려움, 풀리지 않는

갈등과 분노, 내적인 욕구가 함께 닫히는 것은 아니다. 외적인 방해가 없더라도 내적인 방해 세력이 남아 있기 때문이다.

왜 사람들이 혼자 있는 것을 두려워하는가? 자신의 진짜 모습을 대면해야 하기 때문이다. 사람들이 기도하기를 싫어하는 이유는 벌거벗은 자기 영혼의 모습을 대면하기 힘들어서다. 사람들은 외로움에 놓이기를 두려워한다. 혼자 있어서 외로운 것이 아니라, 혼자 있지 못해서 외로운 것이다.

그래서 많은 사람이 외로움을 피하려고 자신을 분주하게 만든다. 외로움으로부터 도망하려고 사람을 만나고 유희를 즐긴다. 하지만 그런다고 외로움의 문제를 해결할 수는 없다. 잠시 외로움을 잊어버릴 뿐이다. 다른 사람에게 나의 사정을 알리려고 노력하는 것은 모든 것을 아시는 하나님께 나아갈 수 있음을 믿지 못하기 때문이다.

외로움이 하나님과 함께하는 창조적인 고독으로 변화하도록 해야 한다. 마음의 골방으로 들어가 하나님과 대화하는 사람은 결코 외로움의 노예가 되지 않는다. 아무도 없는 혼자만의 공간에 있더라도 우리는 하나님을 만나는 마음의 골방을 찾아 들어가야 한다.

골방에는 두 가지 종류가 있다. 장소적인 골방과 영적인 골방이다. 장소적인 골방은 한 장소에만 국한되지만, 영적인 골방은 우리 마음속에 있기 때문에 어디에 있든지 들어갈 수 있다. 아무도 없는 혼자만의 공간에 있더라도 마음이 시장 한복판에 있는 것처럼 분주한 사람이 있고, 사람이 많고 시끄러운 시장 한복판에 있더라도 하나님과 자신만이 아는 은밀한 골방으로 들어가 기도할 수 있는 사람이 있다.

기도 응답보다
더 중요한 것이 있다

모든 것을 아시는 분이 우리에게 모든 것을 듣고자 하시는 두 번째 이유는, 하나님께는 응답보다 우리와의 대화 그 자체가 더 중요하기 때문이다.

하나님은 우리의 기도에 어떻게 응답할까 하는 문제보다 우리와 인격적인 관계 맺는 것을 더 소중하게 생각하신다. 우리는 하나님이 나에게 무엇을 주실까에 더 관심이 많지만 하나님은 우리 한 사람 한 사람에 더 관심이 많으시다. 하나님이 기도에 응답하시는 목적은 우리와 더 깊게 관계를 맺기 위해서다. 우리와 하나님과의 관계가 깊어지면 하나님은 우리의 모든 필요를 다 채워 주신다.

이것은 부모와 자녀의 관계를 생각할 때 더욱 분명히 알 수 있다. 자녀는 부모에게 요구하는 것이 많다. 자녀에게는 부모가 나의 요구를 들어주느냐, 들어주지 않느냐가 중요하다. 그러나 부모에게 더 중요한 것은 자녀의 요구 자체보다도 그것을 매개로 자녀와 어떻게 더 깊고 친밀하게 대화할 수 있는가다.

물론 어떤 부모는 자녀의 요구를 다 들어줄 수 있을 만큼의 능력은 있지만 마음을 나누는 대화 자체에는 관심이 없을 수 있다. 그 경우 자녀는 원하는 것을 다 얻겠지만 부모로부터 관심과 사랑을 받지 못해 더 깊은 상처를 받을 수 있다. 반대로 자녀가 부모로부터 무엇을 얻을 수 있는가에만 관심이 있고 부모와 인격적으로 친밀해지는 것에는 전혀 관심이 없을 수 있다. 이러한 예는 완전하지 않은 인간 내면의 상처와 불완전한 가치관에서 나오는 결과다. 그러나 하나님은 완전하시다. 인간 내면의 모든 것을 아신다. 그런 분이기에 우리와 더욱 친밀한 관계를 맺기 위해 우리의 모든 것을 듣고자 하신다.

기도를 가리켜 신앙생활을 유지하는 중요한 방법이라고 한다. 틀린 말은 아니다. 신앙의 초보 단계에서는 기도를 방법적으로 접근한다. 그러나 신앙이 성숙한 단계에서는 그리스도인으로서 살기 위해 기도하는 것이 아니라 기도하기 위해 산다. 기도는 방법이 아니라 신앙의 중대한 목표다.

내 간구보다 더 나은
응답을 기대하라

모든 것을 아시는 분이 모든 것을 듣고자 하시는 세 번째 이유는, 비록 내가 구한 것과 다른 응답을 받았더라도 하나님이 나에게 꼭 필요한 것을 주셨음을 믿고 감사하도록 하기 위해서다.

앞서 언급했듯 하나님은 우리에게 있어야 할 것을 이미 다 아시며, 우리가 말을 혀에 담기도 전에 그 내용을 다 아신다. 그런 분이기에 때로는 우리가 구하지 않은 것들도 채워 주신다. 그런데 우리는 구하지 않고 얻은 것이 있으면 하나님이 주셨다고 고백하지 못한다. 하나님이 나에게 주셨다는 감격과 감사 없이 그저 자신이 잘나서 얻은 줄 알고 교만해진다.

그러나 모든 것을 하나님께 아뢰고 구하는 사람은 하나님이 응답하신 것이 내가 구한 것과 다를 수 있다는 사실을 인정한다. 처음 내가 구한 것보다 하나님이 주신 것이 진정 나에게 필요했던 것이었음을 분별한다. 그래서 때로는 내가 구한 것과 다른 기도 응답을 받더라도 하나님께 감사하게 된다. 이것은 정직하게 구하고 계속해서 대화하며 하나님과 더욱 친밀한 관계 속으로 들어갔을 때에야 비로소 알 수 있다.

W. A. 크리스웰(Criswell)은 이런 고백을 했다.

I prayed for strength,

he kept me weak that I might lean on him.

And with my triumph,

he sent tears, lest I take pride in them.

나는 힘을 달라고 기도했는데,

하나님은 내가 하나님을 의지하도록 약하게 하셨습니다.

하나님은 내가 승리할 때 교만해지지 않도록

눈물도 함께 보내셨습니다.

I prayed for light, he gave me faith.

And though I cannot see the distant path,

I have no doubt that God will walk with me.

나는 빛을 달라고 기도했는데,

하나님은 나에게 믿음을 주셨습니다.

비록 멀리 있어 볼 수는 없지만

하나님께서 나와 동행하심을 의심하지 않습니다.

I asked for strength that I might achieve.

He made me weak that I might obey.

나는 성취할 힘을 달라고 간구하였는데,

하나님은 내가 순종하도록 약하게 하셨습니다.

I asked for health that I might do greater things.

I was given grace that I might do better things.

나는 더 위대한 일을 할 수 있도록 건강을 달라고 간구했는데

하나님은 더 나은 일을 할 수 있도록 은혜를 주셨습니다.

I asked for riches that I might be happy.

I was given poverty that I might be wise.

나는 행복해지기 위해 부유함을 간구하였는데

하나님은 내가 지혜로울 수 있도록 가난을 주셨습니다.

I asked for power that I might have the praise of men.

I was given weakness that I might feel the need of God.

나는 사람들에게 칭찬 받을 수 있는 힘을 달라고 간구하였는데

하나님은 당신을 의지할 수 있도록 약하게 하셨습니다.

I asked for all things that I might enjoy life.

I was given life that I might enjoy all things.

나는 인생을 즐길 수 있는 모든 것을 달라고 간구하였는데,

하나님은 모든 것을 즐길 수 있는 생명을 주셨습니다.

I received nothing that I'd asked for.

All that I hoped for, my prayer was answered.

나는 간구한 대로 응답받은 것이 하나도 없지만

내가 소망했던 모든 것들에 대하여

나의 기도는 응답받았습니다.

　모든 것을 아시는 하나님은 우리가 정직하게 나아오기를 기다리신다. 쉬지 않고 기도하며 모든 것을 감사함으로 하나님께 구하라고 명하신다. 호흡이 생명을 지탱하는 것처럼 우리의 모든 행동이 기도 안에서 이루어지고 기도로 삶을 지탱하기를 원하신다. 하나님은 우리에게 있어야 할 것을 가장 잘 아시기에 우리가 구한 것 대신 구하지 않은 더 나은 것을 주신다. 기도를 통해 우리가 하나님과 더 가까워지고 친밀해져서 하나님을 더욱 닮아 가는 자녀가 되기를 원하신다.

6장

완전히 자유로우신 분이
약속에 매여 계신다

사람들은 흔히 계약을 맺는다. 계약은 서로를 믿겠다는 확인이지만 동시에 믿지 못한다는 행위이기도 하다. 믿지 못하니까 보증을 필요로 하고, 이 계약을 파기하였을 때 어떤 책임이 따르는지 계약서에 명시하는 것이다.

이런 의미에서 하나님은 계약이 전혀 필요 없으신 분이다. 완전히 자유로우시며 또한 완전히 신실하고 의로우신 분이기 때문이다. 그런 하나님이 인간과 계약을 맺으셨다. 마치 당신을 믿을 수 없는 분인 것처럼 여기도록 내어 주시고 약속으로 자신을 묶으신 것이다.

언약은 불신앙을 고치고
회복시키는 도구다

완전히 자유로우신 하나님은 스스로 인간과 약속을 맺으시고 그 약속에 얽매이셨다. 이 사실 자체가 하나님의 사랑과 은혜와 겸손하심을 보여 준다. 하나님은 우리의 약함을 아시기에 인간의 신실함을 사용하지 않으셨다. 대신 우리가 하나님을 온전히 신뢰하고 확신할 수 있도록 해주셨다.

그렇다면 하나님은 왜 인간과 언약을 맺으셨을까? 그 유일한 이유는 인간을 구원하시기 위해서다. 인간이 구원받는 데 필요한 것은 오직 믿음이다. 그런데 타락한 인간에게는 그 한 가지, 믿음조차 없는 상황이다. 그래서 하나님은 두 가지 일을 동시에 이루셔야 했다. 첫째는 인간의 구원을 이루는 일이고, 둘째는 이 구원 역사가 이루어졌을 때 인간이 하나님의 역사를 믿도록 하는 일이다. 구원을 완성하는 일과 그 구원이 인간에게 효과가 있도록 하는 두 가지 일을 동시에 이루는 방법으로써 하나님이 사용하신 것이 바로 인간과의 언약이다. 그 언약을 통해 예수님을 이 땅에 보내시고, 인간이 예수님과 십자가 사건을 믿게 만들어 주신 것이다.

하나님 편에서 첫 번째 이루셔야 하는 일, 곧 인류의 구원은 십자가를 통해서 완전히 이루셨다. 두 번째 이루셔야 하는 일은 십자가를 통해 이루신 구원 사건이 사람들에게 효력을 발휘하도록 하는 것이다. 이를 위해서 사람에게 반드시 믿음이 있어야 한다. 만일 믿음을 우리 자신이 만들 수 있다면 구원은 하나님의 완전한 역사가 아니요, 온전한 구원이 될 수 없다.

언약은 하나님의 구원 계획을 계시해 주시고, 동시에 인간에게 믿음을 주시기 위하여 선택하신 도구다. 구원은 오직 믿음에 의해서만 받을 수 있고, 인간은 믿음으로 하나님의 일과 그 뜻에 자신을 복종시켜야 하는 것이다. 인간에게 믿음이 있으려면 하나님이 인간의 불신앙을 치유해 주셔야 한다. 하나님이 선택하신 치료법은 '언약'이다. 언약은 하나님이 우리를 떠나지 않을 것을 보증해 주시고 우리의 불신앙을 고치고 회복시키는 도구다.

철저히 절망해야
구원이 보인다

하나님은 구원 계획을 실행하시기 위해서 어느 한 시대만이 아니라 수천 년의 역사 속에서 여러 사람과 언약을 맺으셨다. 노아, 아브라함, 모세, 다윗과 같은 인물들에게서 중요한 것은 그들 삶 자체보다 '그 인물들을 통해서 하나님이 어떠한 언약을 주셨는가'다.

이 모든 언약들은 서로 유기적으로 연결되어 있다. 사람들은 바뀌지만 이들과 언약을 맺으신 분은 여전히 동일하신 하나님이기 때문이다. 한 언약이 또 다른 언약을 보완하고, 뒤에 맺은 언약이 먼저 맺은 언약을 보완하고 성취하며 완성되어 나간다.

청교도들은 성경에 나타난 이 언약들의 발전을 기초로

성경의 뼈대를 연구하였다. 진정한 성경의 맥은 하나님의 언약들이다. 성경이 하나의 책이 되는 까닭은 하나님의 언약이 서로 연결해 주기 때문이다. 성경은 여러 책의 묶음이 아니라 완벽하게 하나의 책이다. 하나님이 여러 사람과 맺으신 언약이 모든 책을 하나로 묶어 주기 때문이다.

영어 성경이 언약을 뜻하는 단어 'covenant'를 사용하지 않고 유언을 의미하는 'testament'를 사용한 이유는 무엇일까? 첫째, 하나님과 인간의 언약이 동등한 관계가 아니라 하나님이 주권적으로 우위에서 맺으신 약속이기 때문이다. 둘째, 유언은 살아 있을 때 맺지만 그 효력은 죽음 이후에 나타나는 것이므로 예수 그리스도의 죽음으로 그 효력이 나타난다. 그러한 측면에서 영어 성경은 'testament'라는 단어를 사용했다.

언약은 옛 언약과 새 언약 두 가지가 있다. 하나님이 인간을 언약으로 대하시는 데 두 단계가 있음을 가리킨다. 옛 언약은 '준비와 약속'이라는 좀 더 낮고 기초적인 단계이고, 새 언약은 '성취와 소유'라는 좀 더 높은 단계다.

옛 언약은 하나님이 타락한 인간과 언약을 맺으실 때 창조주 하나님이 타락하지 않은 인간과 가지셨던 동일한 관계로 맺으신 것이다. 인간을 하나님의 형상을 가진 존재, 자유의지를 가진 존재로 창조하셨을 때 자발적인 의지와 선택으로 하나님께 순종하는 것을 전제로 언약을 맺으셨다는 것이다.

인간이 하나님께 전적으로 의지하고 순종하는 것은 강요로 되지 않는다. 타락 이전에도 그랬다. 인간에게는 어느 쪽이든지 선택할 수 있는 능력이 있다. 인간은 자신에게 주어진 자유의지로 하나님을 의지하지 않고 순종하지 않기로 선택한 것이다. 그것이 타락이다.

그런데 하나님이 첫 단계의 언약으로 타락한 인간을 대하실 때 타락하지 않은 상태의 인간을 대하실 때와 동일한 관계로 대하셨다. 그것은 타락한 인간이 자유의지로 충분히 노력하여 인간 자신의 본성이 성취할 수 있는 것을 최대한 시험해 볼 수 있도록 하신 것이다. 그 결과 인간의 완전한 절망과 무력함이 나타나도록 하셨다. 그래서 참된 구원이 필요함을 인간이 절실히 깨닫고 고백하게 하신 것이다.

첫 단계에 주어진 옛 언약은 하나님이 인간을 교육시키는 단계로서 필요한 과정이었다. 그것은 인간 스스로의 노력으로 무엇을 성취할 수 있는지 충분히 시험할 수 있는 시간을 주는 단계다. 인간이 하나님을 믿고 의지하지 않는 이유는 자기 스스로 할 수 있다고 생각하기 때문이다. 인간에게 스스로 해보고 싶은 본성이 있음을 하나님은 잘 아셨다. 그래서 인간이 스스로를 의지하고 본성을 따라 행할 때 어떻게 되는지를 먼저 시도해 보라고 기회를 주신 것이다. 왜냐하면 인간에게 하나님을 의지하라고 절대로 강요할 수 없기 때문이다.

옛 언약을 가리켜 '율법'이라고도 한다. 율법은 죄를 깨닫게 하려고 주신 것이다.

> ∞ 그러므로 율법의 행위로 그의 앞에 의롭다 하심을 얻을 육체가 없나니 율법으로는 죄를 깨달음이니라 롬 3:20

> ∞ 율법은 진노를 이루게 하나니 율법이 없는 곳에는 범법도 없느니라 롬 4:15

> ∞ 믿음이 오기 전에 우리는 율법 아래에 매인 바 되고 계시될 믿음의 때까지 갇혔느니라 이같이 율법이 우리를 그리스도께로 인도하는 초등교사가 되어 우리로 하여금 믿음으로 말미암아 의롭다 함을 얻게 하려 함이라 갈 3:23-24

옛 언약이 담당한 일은 죄가 무엇인지를 분명히 밝히고, 그 죄 때문에 인간이 얼마나 망가졌는지 알려 주는 것이다. 결국 옛 언약은 하나님이 인간의 삶에 개입하시고 그분의 은혜로우신 능력으로 구원해 주셔야만 한다는 것을 깨닫게 한다.

'옛 언약'이 좋지 않은 것이라고 생각하기 쉬운데, 하나님이 맺으신 언약이므로 안 좋은 것이 아니다. 하나님이 맺으신 언약은 모두 선하고 좋다. 옛 언약도 인간의 구원을 위해 맺으신 언약이다. 옛 언약은 낡고 문제 있고 좋지 않다는 의미가 아니라 하나님의 목적을 이루기 위해 먼저 주어진 옛 세대의 언약이라는 뜻이다. 새 언약이 필요한 것은 기존 언약에 문제가 있어서 새롭게 교체해야 한다는 뜻이 아니다. 옛 언약을 주신 목적이 다 이루어졌기 때문에 또 다른 단계의 언약이 필요하다는 의미다.

옛 언약 아래서 인간은 철저히 절망하고 실패했다. 하나님이 인간을 옛 언약 아래서 교육하신 것은 인간이 얼마나 무력한 존재인지, 인간이 스스로를 의지하는 것이 얼마나 어리석은지, 인간의 본성이 얼마나 부패하였는지를 깨닫게 하심으로 하나님의 은혜의 손길을 갈망하게 하시기 위함이다.

예레미야는 예루살렘이 멸망하던 시기의 예언자다. 예루살렘의 멸망은 다윗 왕국의 몰락을 의미한다. 그 찬란했던 다윗 왕국이 멸망한 원인은 무엇인가? 바로 죄 때문이다. 다윗 한 사람의 죄 만이 아니라 모든 이들의 죄 때문이다. 왕국의 멸망은 모세를 통해 주어진 하나님의 옛 언약에 이미 예언되었다. 만일 하나님의 율법에 순종하면 하나님이 번영과 안전을 주시지만, 불순종하면 멸망과 저주를 주실 것이라고 언약하셨다(신 28장). 이스라엘의 멸망은 인간이 옛 언약에 실패함으로써 그에 대한 대가로 주어진 것이다.

그 멸망의 한가운데서 하나님은 예레미야를 통해 새 언약을 말씀하셨다. 예레미야만이 아니라 동시대 선지자인 에스겔을 통해서도 말씀하셨다. 역사의 가장 밑바닥에서 절망하고 있던 백성에게 하나님은 가장 희망적인 새 언약을 주셨다. 새 언약이 집중적으로 주어진 시기는 바로 이스라엘이 최악의 상황으로 멸망당할 때라는 것이 중요하다. 옛 언약 아래서 인간의 철저한 무능력이 드러난 것이다. 인간이 자신의 본성을 따라 행하는 것이 얼마나 무서운 결과를 만들어 내는지 깨닫고 하나님의 은혜를 깊이 갈망할 때까지 하나님은 기다리신 것이다.

하나님은 처음부터 모든 구원 계획을 다 밝히시지 않고 인간이 절망함으로 그 마음이 하나님께로 절실해질 때까지 기다리셨다. 인간이 자신에게 절망하지 않고 스스로를 의지하고 있는 한 하나님의 은혜로 주시는 구원의 선물을 받아들이지 않기 때문이다. 때가 되어 이스라엘이 역사의 멸망 가운데 하나님의 은혜를 간절히 구할 때 비로소 하나님은 두 번째 단계의 약속, 새 언약을 주셨다.

옛 언약과 새 언약의
차이는 무엇인가

그렇다면 새 언약은 옛 언약과 비교했을 때 무엇이 새로워졌을까?

옛 언약	새 언약
돌에 새긴 계명(출 31:18)	마음에 새긴 계명(렘 31:33)
육체에 할례(창 17:9-14)	마음에 할례(겔 36:26)
율법을 지켜 행하라(출 20장)	율례를 행하도록 도우심(겔 36:27)
힘써 여호와를 알라(호 6:3)	여호와를 앎(렘 31:34; 요 17:3)
죄를 심판하심(신 28장)	죄를 완전히 용서하심(렘 31:34)
창조에 속한 장막(히 9:1-10)	창조에 속하지 아니한 장막(히 9:11)
반복되는 제사(히 10:1-4)	영단번 제사(히 10:5-10)
짐승의 피	하나님 아들의 피
의지에 의한 불완전한 순종(출 24:3)	믿음에 의한 완전한 순종(갈 2:20)
Must, To do	Can, To be

옛 언약과 새 언약 사이에는 연속성이 있다. 그것을 알 수 있는 몇 가지가 있다.

첫째, 새 언약에도 여전히 하나님의 법이 부각된다. 히브리서 8장 10절은 "내 법을 그들의 생각에 두고 그들의 마

음에 이것을 기록하리라"라고 기록한다. 따라서 십계명은
폐지된 것이 아니다.

둘째, 언약의 중보자가 여전히 필요하다. 옛 언약에서
중보자가 모세였다면, 새 언약에서는 예수 그리스도다.

셋째, 언약의 핵심과 본질이 동일하다.

> ∞ 나는 그들에게 하나님이 되고 그들은 내게 백성이 되리라
> 히 8:10b

> ∞ 이 땅 곧 가나안 온 땅을 주어 영원한 기업이 되게 하고
> 나는 그들의 하나님이 되리라 창 17:8b

> ∞ 내 언약을 지키면 너희는 모든 민족 중에서 내 소유가 되
> 겠고 출 19:5b

넷째, 옛 언약을 보증하는 서약과 복과 저주의 규정
이 있는 것처럼, 새 언약에도 저주의 규정이 있다(히 6:4-6,
10:29). 끝까지 은혜의 언약을 거부하는 자에게는 영원한 멸
망이 주어진다.

새 언약의 핵심은 '하나님이 친히 이루어 주신다'이다.
첫째, 임마누엘로 오신 예수님이 십자가와 부활로 구원을
이루셨다. 예수님의 십자가는 옛 언약의 저주를 하나님이

친히 담당하셨음을 보여 준다. 둘째, 성령을 보내셨다. 하나님은 성령을 통하여 우리 안에 새 마음을 주시고 우리 속에 거하심으로 순종을 이루게 하신다.

예수 그리스도께서
성취하신 새 언약

하나님은 다양한 상황 속에서 다양한 사람들과 언약을 맺으셨지만 그 언약의 목적은 언제나 동일했다. 하나님은 언약을 맺으실 때마다 반복해서 목적을 말씀해 주셨다. 우리가 분명히 기억해야 할 중요한 사실은 새 언약이 하나님께서 옛 언약에 실패하여 만들어 낸 '플랜 B'가 아니라는 것이다. 하나님은 인간을 창조하시기 이전부터 새 언약의 구속 계획을 가지고 계셨다. 이 새 언약이 '플랜 A'다. 원래 계획인 것이다. 새 언약을 이루는 계단으로 옛 언약을 사용하신 것뿐이다.

> ∞ 그러나 그 날 후에 내가 이스라엘 집과 맺을 언약은 이러하니 곧 내가 나의 법을 그들의 속에 두며 그들의 마음에 기록하여 나는 그들의 하나님이 되고 그들은 내 백성이

될 것이라 여호와의 말씀이니라 렘 31:33

◇◇ 또 내 영을 너희 속에 두어 너희로 내 율례를 행하게 하리
니 너희가 내 규례를 지켜 행할지라 내가 너희 조상들에
게 준 땅에서 너희가 거주하면서 내 백성이 되고 나는 너
희 하나님이 되리라 겔 36:27-28

◇◇ 내가 들으니 보좌에서 큰 음성이 나서 이르되 보라 하나님
의 장막이 사람들과 함께 있으매 하나님이 그들과 함께
계시리니 그들은 하나님의 백성이 되고 하나님은 친히 그
들과 함께 계셔서 계 21:3

새 언약은 완성의 언약이다. 새 언약 안에서 기존의 모
든 언약이 완성된다. 히브리서는 새 언약을 가리켜 "더 좋
은 언약"이라고 부른다(히 7:22, 8:6). 더 좋은 언약에서도 그
목적은 동일하다. 인간이 누리는 최고의 은혜, 영원토록 누
릴 은혜는 무엇인가? 하나님이 나의 하나님이 되시고, 내
가 그분의 백성이 되는 것이다.

언약을 통해 인간을 구원하시는 하나님의 목적은 '하나
님과 인간의 연합'이다. 그래서 언약으로 자신을 낮추시고
하나님과 인간을 함께 묶으셨다. 이 언약으로 연합이 이루
어지기 위해서는 세 가지를 이루는 분이 필요하다.

첫째, 대표자가 필요하다. 하나님과 인간을 대표하는 존재가 필요하다. 예수님은 하나님과 인간을 연합시키는 대표자다. 예수님은 성육신(하나님께서 사람이 되심)으로 삼위일체 하나님을 대표하셨고, 두 번째 아담으로 오심으로 모든 인간을 대표하셨다. 예수님은 모든 인간의 언약적 대표로서 죽으셨기에 모든 인간이 죽은 것으로 간주되는 것이다.

둘째, 중보자가 필요하다. 하나님은 죄를 미워하시며 그 죄에 대하여 진노하시고 공의로 심판하시는 분이다. 따라서 죄인들은 하나님을 피하고 대적한다. 하나님의 거룩을 싫어하고 빛보다 어두움을 더 사랑한다. 그래서 중보자 없이는 하나님 앞에 설 수 없다.

모세가 하나님과 이스라엘 백성 사이의 중보자가 되어서 관계를 연결시켜 주었다. 그러나 모세의 중보로는 우리가 하나님의 백성이 되고 하나님이 우리의 하나님이 되시는 일이 온전히 일어나지 못한다. 그도 죄인 된 인간이기에 완전히 하나님을 대신하여 백성 앞에 서지 못하여 실패하는 때도 있었고, 또 완전히 인간을 대신하여 하나님 앞에 서지 못하여 실패하는 때도 있었다.

그러나 새 언약의 중보자는 예수님이다.

∞ 이로 말미암아 그는 새 언약의 중보자시니 이는 첫 언약 때에 범한 죄에서 속량하려고 죽으사 부르심을 입은 자

로 하여금 영원한 기업의 약속을 얻게 하려 하심이라 ^히 9:15

하나님이 놀라운 은혜로 예수 그리스도를 새 언약의 중보자로 세워 주셨다. 하나님과 인간 사이의 연합은 새 언약의 중보자이신 예수 그리스도 안에서 성취되었다. 예수님 안에서 하나님과 인간 사이의 화목이 완전하게 이루어진 것이다.

셋째, 보증인이 필요하다. 보증인은 다른 사람이 어떤 약속을 확실하게 이행할 것이라고 약속해 주는 사람이다. 예수님은 새 언약의 보증인이시다. 예수님은 새 언약의 중보자로 하나님께서 행하셔야 할 일을 우리에게 보증하시고, 우리에게 주어진 책임과 우리가 행해야 할 것 역시 하나님께 보증하시는 역할을 한다. 인간을 대신하여 하나님께 나아가는 자로 언약을 실행하시고, 또한 하나님을 대신하여 인간에게 나아가는 자로서도 언약을 실행하신다. 하나님이 언약에서 요구하시는 모든 것을 맡아 행하셨을 뿐만 아니라 인간이 필요로 하는 모든 것도 책임을 지는 분으로서 새 언약의 보증인이 되시는 것이다.

그래서 예수님은 더 좋은 언약의 보증이 되셨다고 고백한다.

∞ 이와 같이 예수는 더 좋은 언약의 보증이 되셨느니라… 그러므로 자기를 힘입어 하나님께 나아가는 자들을 온전히 구원하실 수 있으니 이는 그가 항상 살아 계셔서 그들을 위하여 간구하심이라 히 7:22, 25

'온 맘 다해 하나님만 사랑하라'는 명령은 믿음으로 새 언약을 받아들일 때만 가능한 일이다. 새 언약의 중보자이시며 보증자이신 예수님의 십자가와 부활로 우리에게 새 언약의 축복이 부어졌고, 그 축복으로 우리가 하나님을 전심으로, 온 맘 다해 사랑할 수 있는 능력이 주어지는 것이다. 우리 안에 창조된 새 마음과 새 영은 전적으로 하나님을 사랑하기 위해 존재하기 때문이다.

새 마음은 온전히 하나님을 위해 있는 것이다. 새 마음은 내 안에 거하시는 성령으로 말미암아 온전히 하나님을 사랑하도록 주어진 것이다. 하나님은 우리가 온 맘 다해 하나님을 사랑할 수 있는 능력을 주신다. 마음을 다하는 사랑과 순종이 그리스도 안에서 우리를 위해 예비되어 있다. 우리 안에 거하시는 성령으로 말미암아 새 언약의 축복과 능력 안에 거하라. 새 언약의 백성으로 자신을 드려라. 온 맘 다해 하나님을 사랑하는 일에 자신을 드려라.

7장

온 세상을 지으신 분이
아주 작은 나를 아신다

우리는 때때로 자기 생각에 갇히곤 한다. 과거 경험을 통해 형성된 선입견에 갇히고, 자기 이익을 위한 이기심에 갇힌다. 이렇게 자기 생각에 갇히면 다른 사람이 나를 어떻게 보는지 깨닫지 못한다. 심지어 하나님이 나를 어떻게 보시는지도 전혀 모르게 된다. 모든 선택의 기준이 자기 생각인 채로 그 틀 안에 갇혀 살아가게 된다. 우리는 자기 생각에 갇히는 것을 경계해야 한다.

영어에 'Out of the box'라는 표현이 있다. 생각의 상자속에 갇혀 있지 말고 밖으로 나오라는 뜻이다. 자신이 갇혀 있는 상자에서 벗어나려면 크고 위대하신 하나님을 만나야 한다. 영원하신 하나님을 만나야 인간의 유한한 시간에 갇히지 않는다. 전능하신 하나님을 만나야 인간의 제한된 경험에 갇히지 않는다. 모든 것을 아시는 하나님을 만나야 자신의 얕은 지식 밖에서 더 깊고 풍성한 지혜를 경험할 수 있다.

하나님의 돌보심은
상상을 뛰어넘는다

우리는 종종 이런 생각에 갇힌다. '너무 크고 광대하신 하나님이 나같이 작고 미천한 존재를 돌보실 수 있는가?' 그러면서 하나님의 능력을 의심한다.

하나님은 광활한 우주를 창조하신 분이다. 빛은 1초에 약 30만 킬로미터를 간다. 손가락을 한 번 튕기는 시간이면 한 줄기 빛이 지구를 일곱 번 돈다. 햇볕이 내리쬐는 오후에 피부에 느껴지는 온기는 태양 표면을 8분 전에 출발한 빛이다. 약 1억 5천만 킬로미터나 떨어진 태양까지 다녀오려면 평균 시속이 1,230킬로미터나 되는 초음속 비행기를 타고 하루 24시간을 꼬박 가도 14년이 걸린다. 이 거대한 우주를 하나님은 말씀으로 창조하셨다. 하나님은 우리가 상상하는 것보다 더 크고 위대하시며, 어떤 말로도 표현할 수 없을 만큼 광대하시다.

하나님은 온 우주를 창조하셨을 뿐만 아니라 주관하여 돌보신다. 인류의 구원 역사까지 이루신 하나님이 우리 한 사람 한 사람을 돌보신다는 데에 의심할 여지가 있는가? 게다가 하나님은 이 모든 일을 하시고도 지치지 않으신다. 하나님께는 곤란한 일이 없으시다. '이 모든 사람을 어떻게 돌볼 것인가?' 하는 염려와 두려움도 없으시다. 그뿐만 아니라 딜레마도 없으시다. 하나님은 스스로 존재하시며, 힘을 채우시며, 깨달으시며, 모든 일을 행하신다.

그분 앞에서 우리는 진정 너무나 작은 존재다. 광대한 우주에 비하면 벌레만도 못한 크기다. 비행기를 타고 높은 곳에 오르면 가장 큰 건물도 작은 상자처럼 보인다. 그런데 하나님은 그렇게 작은 이 땅에 사는 한 사람 한 사람의 필요를 알고 돌보신다. 하늘을 나는 새 한 마리도 하나님의 시야에서 벗어날 수 없다. 광활한 우주에 비하면 거의 보이지도 않는 먼지 같은 우리를 하나님이 일일이 사랑하고 돌보신다.

하나님의 자비와 돌보심은 우리의 상상을 훨씬 뛰어넘는다. 삶을 통틀어 볼 때 하나님이 나를 돌보신 흔적이 너무나 많은데도 우리는 그 흔적을 보지 못한다. 검은 점 하나가 찍힌 커다란 종이 한 장을 들고 사람들에게 무엇이 보이느냐고 물어보면 모두가 "검은 점이 하나 보입니다"라고 대답할 것이다. 누구도 "흰 종이가 보입니다"라고 대답하지 않을 것이다. 이처럼 인간의 본성은 하나님의 풍성한 은혜를 보지 못하고 검은색의 상처만 볼 뿐이다. 그보다 훨씬 넓게 퍼져 있는 그분의 자비와 돌보심은 보지 못하고 잊어버린다.

하나님의 돌보심을 의심하고 그분의 존재를 믿지 않는 자들을 무신론자라고 한다. 그들은 다음과 같이 말하며 무신론을 주장한다.

첫째, '하나님은 존재하지 않으니 우리 멋대로 살아도 아무 문제없다. 관여할 존재가 없으니 아무 걱정 없이 살고 싶은 대로 살면 된다'고 주장한다. '적극적 무신론'이라고 이름을 붙일 수 있다. 그런데 그들의 주장대로 아무것도 믿지 않고 살아가는 것이 실재로 가능한가? 사람들은 하나님을 믿지 않더라도 미신이나 과학, 자기 자신 등 다른 무엇인가를 믿는다.

둘째, 하나님이 존재하신다고 믿고 있으나 실제 삶에서는 하나님이 계시지 않는 것처럼 살아간다. '소극적 무신론'이라고 이름을 붙일 수 있다.

마르틴 루터의 일생 가운데 이런 에피소드가 있다. 교회 개혁을 추진하던 루터가 완전히 지쳐서 탈진하였다. 모든 것을 포기하고 다시는 일어나고 싶지도 않았다. 실망과 좌절 속에 빠져 있던 루터 앞에 그의 아내가 상복을 입고 나타났다. 루터가 깜짝 놀라 물었다.

"누가 죽었습니까?"

"예, 죽었습니다."

"누가 죽었단 말입니까?"

"당신의 하나님이 돌아가셨습니다."

"아니, 당신 무슨 소리를 그렇게 합니까?"

"하나님이 살아 계시다면, 당신이 이렇게 포기하고 누워 있을 리가 없지 않습니까?"

이 한마디가 루터를 깨웠다. 그는 벌떡 일어나 아내와 함께 예배 자리에 나가서 강력한 성령의 은혜를 체험했다. 그리고 거룩한 소명 앞에 자신의 인생을 드리기로 다시 한 번 작정했다. 그는 이런 말을 남겼다.

"가장 낙심할 만한 때일수록 하나님의 도우심이 가깝다."

머리로는 하나님이 계시다고 믿지만 하나님이 너무 크신 분이어서 작은 나를 돌보실 수 없다고 생각하는 것도 일종의 소극적 무신론이라고 할 수 있다. 이스라엘 백성이 포로로 잡혀가고 나라가 망하였을 때 그들은 이러한 무신론에 빠졌다. 그들은 하나님을 의심하며 이렇게 질문했다.

"하나님이 살아 계시다면 어떻게 이러한 일이 일어날 수 있는가?"

∞ 야곱아 어찌하여 네가 말하며 이스라엘아 네가 이르기를 내 길은 여호와께 숨겨졌으며 내 송사는 내 하나님에게서 벗어난다 하느냐 사 40:27

그들은 눈앞에서 벌어지는 사건들을 보면서 하나님의 능력과 선하심에 의문을 제기한다. '하나님이 내 사정은 모르실 거야.' '하나님 같은 분이 내 형편 따위를 신경 쓰실 리

없어' 같은 생각들은 하나님이 우리와 같은 존재일 것이라고 생각하는 불신이다. 하나님의 능력은 한계가 있으며 그분의 선하심도 온전하지 못할 거라고 생각하는 불신이다. 하나님은 인간의 어려움 따위는 처다보지 않으시고 도우실 수도 없을 것이라고 생각하는 불신이다.

온 우주와 자연이
하나님의 전능하심을 증거한다

선하신 하나님은 전능하신 능력으로 만물을 창조하셨을 뿐만 아니라 만물을 돌보고 계신다. 하나님은 창조 후에 손 놓고 계시는 분이 아니다. 자연법칙과 인간에게 역사를 맡겨 두고 가만히 계시지 않는다. 하나님은 지금도 만물에 생명과 호흡을 주신다. 하나님이 생명을 거두시면 만물은 죽는다. 하나님이 호흡을 거두시면 우리는 모두 죽는다.

하나님은 만물의 모든 움직임을 주관하고 섭리하신다. 이사야는 눈을 높이 들어 위를 처다보라고 말한다.

◇◇ 거룩하신 이가 이르시되 그런즉 너희가 나를 누구에게 비교하여 나를 그와 동등하게 하겠느냐 하시니라 너희는

> 눈을 높이 들어 누가 이 모든 것을 창조하였나 보라 주께
> 서는 수효대로 만상을 이끌어 내시고 그들의 모든 이름을
> 부르시나니 그의 권세가 크고 그의 능력이 강하므로 하
> 나도 빠짐이 없느니라 사 40:25-26

이사야는 눈을 들어 누가 이 모든 것을 창조했는지 보라
고 하면서 하나님의 능력과 선하심을 설명한다. 하나님은
위로와 힘의 근원이라고 하면서 자연에 나타난 그분을 보
라고 말한다. 다윗 역시 "내가 산을 향하여 눈을 들리라"(시
121:1a)라고 하면서 전능하신 하나님을 찬양했다.

'자연은 하나님의 옷'이라는 말이 있다. 자연은 하나님의
유일성을 드러낸다. 하늘의 별들을 창조하신 하나님이 그
별들의 움직임까지 주관하신다. 미국의 이론물리학자 리
스몰린(Lee smolin)은 이렇게 말한다.

"별이 존재하는 것은 자연 속의 서로 다른 힘들 사이에
서 몇 가지 정밀한 균형이 존재하기 때문이다. 이 정밀한
균형이 존재하기 위해서는 이런 힘들이 얼마만큼 강하게
작용할지 제어하는 변수들이 정교하게 조율되어야 한다.
만일 다이얼이 다른 방향으로 조금만 돌아가도 별이 없는
세상이 되어 버리고 우주는 붕괴된다."

영국의 천문학자인 마틴 리스(Martin Ress)에 의하면, 우
주에 있는 물질의 양을 나타내는 수치로 '오메가'를 쓰는데,

만일 이 비율이 특별한 임계치보다 높았다면 우주는 오래 전에 붕괴되었을 것이며, 이 비율이 낮았다면 어떤 은하계나 별도 만들어지지 않았을 것이라고 말한다. 별들의 존재는 정교하게 조율된 힘의 균형에 의해 유지되고 있다는 것이다. 이는 별들을 창조하신 하나님이 그 힘의 균형을 정밀하게 유지하도록 섭리하시기 때문에 가능한 것이다.

그런데 하나님은 그 별들을 하나하나 세어 이름대로 부르신다고 하셨다(시 147:4). 우리는 그 별들의 이름을 다 모르지만 하나님은 알고 계신다는 말이다. 하늘의 별도 이름대로 부르시는 하나님이 하물며 손수 빚어 생기를 불어넣어 창조하신 인간의 이름을 하나하나 부르시지 않겠는가?

우리 개개인의 사정은 너무 작은 일이기에 하나님께 감추어졌으며 하나님이 나를 모르실 것이라는 생각은 자신의 경험에 갇힌 불신앙의 말이다. 따라서 '내 상황이 너무 난감하고 어려우니 하나님도 어쩌실 수 없을 거야.' '내 상황은 엎질러진 물과 같아서 하나님도 되돌리실 수 없을 거야.' '하나님은 나의 곤경을 모르실 것이고, 더는 나에게 관심도 없으실 거야' 하는 생각은 불신이다.

고난이 있어
더 높이 비상할 수 있다

∞ 너는 알지 못하였느냐 듣지 못하였느냐 영원하신 하나님
여호와, 땅 끝까지 창조하신 이는 피곤하지 않으시며 곤
비하지 않으시며 명철이 한이 없으시며 사 40:28

만물을 창조하신 영원하신 하나님은 전혀 지치거나 피
곤해하지 않으신다. 이사야서 1장에서 하나님이 우리의 위
선에 '지쳤다, 역겹다'고 하신 것은 우리가 쉽게 이해할 수
있도록 하신 표현이다. 하나님은 인간이 지치는 것처럼 힘
에 부치거나 녹초가 되는 분이 아니다.

∞ 피곤한 자에게는 능력을 주시며 무능한 자에게는 힘을
더하시나니 소년이라도 피곤하며 곤비하며 장정이라도 넘
어지며 쓰러지되 오직 여호와를 앙망하는 자는 새 힘을
얻으리니 독수리가 날개 치며 올라감 같을 것이요 달음박
질하여도 곤비하지 아니하겠고 걸어가도 피곤하지 아니
하리로다 사 40:29-31

여기서 "소년"과 "장정"은 연령상 젊은이를 말하는 것이
아니라 자기 힘으로 할 수 있다고 자신만만해하는 사람들

을 의미한다. 그들은 지치고 쓰러진다. 우상을 바라는 자들은 소멸하지만, 하나님을 바라는 자들은 창조주 하나님이 부어주시는 새 힘을 얻어 일어서게 될 것이다. 그래서 전에는 맛보지 못한 새 힘을 경험하게 될 것이다.

이사야는 하나님을 바라는 자들이 새 힘을 받는 모습을 독수리에 비유했다. 연단을 통해 성장한 독수리는 폭풍이 다가오면 그 폭풍 바람을 타고 더 높이 비상한다. 폭풍 때문에 쓰러지는 것이 아니라 오히려 그 힘으로 더 높이 바람 한 점 불지 않는 곳까지 날아오르는 것이다.

독수리는 닭들과 어울려 싸우며 모이를 쪼지 않는다. 그런 독수리를 가끔 귀찮게 하는 새가 있다고 한다. 까마귀다. 독수리 등에 올라타서 성가시게 하는 것이다. 그러나 독수리는 등 뒤에 올라탄 까마귀와 싸우지 않는다.

이솝 우화에 이런 이야기가 있다. 독수리 한 마리가 높은 하늘에서 내려와 쏜살같이 양 한 마리를 낚아채 가지고 올라갔다. 그 모습을 본 까마귀도 독수리처럼 쏜살같이 내려와 양 한 마리를 움켜쥐었는데, 그만 발톱이 양털에 엉키고 말았다. 그래서 양의 등에서 파닥거리며 붙어 있는데, 그때 목동이 다가와 그 까마귀를 여유 있게 붙잡았다. 목동은 까마귀의 날개 끝을 자른 다음 저녁에 자기 아이들에게 보여 주었다. 아이들이 무슨 새냐고 묻자 목동이 이렇게 말했다.

"자기가 독수리라고 착각하는 까마귀야."

등 뒤에 붙어서 귀찮게 하는 까마귀를 떼는 방법은 더욱 하늘 높이 올라가는 것이다. 어떤 새도 숨 막혀 오를 수 없는 높이까지 오르는 게 비결이다. 하늘 높이 올라가면 까마귀는 견디지 못하고 떨어져 나간다. 그러나 독수리는 묵직한 두 날개가 있기 때문에 더 높이 올라갈 수 있다.

우리에게 있는 고난이 독수리의 무거운 두 날개처럼 벅차게 느껴질 수 있다. 하지만 그 무게를 불평하지 말라. 그 고난이 있어 우리는 더 높이 비상할 수 있다. 시편 139편의 고백처럼, 하나님은 내가 앉고 서는 것을 아시고, 내가 길을 다니는 것과 눕는 것을 아시며, 내가 하는 모든 일도 샅샅이 알고 계신다. 그 하나님을 바라볼 때 우리는 새로운 힘을 얻을 것이다.

하나님이 나를 모르실 것이라는 착각에서 벗어나 지친 사람들에게 힘을 주시고, 약한 사람을 다시 일으켜 주시는 하나님을 바라라. 온 맘으로 하나님의 얼굴을 구하고, 하나님을 바라보면 새 힘을 주실 것이다.

Who am I, that the Lord of all the earth

Would care to know my name

Would care to feel my hurt

내가 누구이기에 온 땅의 주인께서(시 8:4)

나의 이름을 생각하시며

나의 상처를 돌보시나요?

Who am I, that the Bright and Morning Star

Would choose to light the way

For my ever wandering heart

내가 누구이기에 광명한 새벽별께서(계 22:16)

친히 길을 밝혀 주시어

내 방황하는 마음을 이끄시나요?

Not because of who I am

But because of what You've done

Not because of what I've done

But because of who You are

나의 나됨 때문이 아니라(고전 15:10)

주님의 행하심 때문입니다

나의 행함 때문이 아니라

주님의 주되심 때문입니다

I am a flower quickly fading

Here today and gone tomorrow

A wave tossed in the ocean

A vapor in the wind

나는 금세 시드는 꽃처럼(마 6:30)

오늘 피었다 내일 집니다(약 4:14)

바다에 출렁이는 파도요

바람에 날리는 안개입니다(벧후 2:17)

Still You hear me when I'm calling

Lord, You catch me when I'm falling

And You've told me who I am

I am Yours, I am Yours

내가 부를 때 여전히 주께서 들으시며

내가 넘어질 때 주께서 붙들어 주십니다

그리고 주님은 내가 누구인지 알려 주시며

나는 주님의 것, 주님의 것이라 말씀하십니다

-Who am I, Mark Hall 작사/작곡

8장

모든 것을 섭리하시는 분이
우연으로 찾아오신다

_____ 룻기 2:1-4; 에스더 7:7-10

'창조주 하나님'에 대한 신앙은 반드시 '창조하신 모든 것을 섭리하시는 하나님'에 대한 신앙으로 연결되어야 한다. 이 두 신앙이 견고하게 연결되어 있지 않으면 그 갈라진 틈으로 사탄이 들어와 온갖 이상한 사상으로 혼란하게 만든다. 창조가 크고 위대하신 하나님의 능력이듯, 섭리 또한 그렇다.

그런데도 우리는 '하나님의 섭리'(providence)라는 말을 잘 사용하지 않는다. 그런 말은 신학자나 목회자들의 전유물이라고 생각한다. 그러나 하나님의 섭리는 우리가 믿음 생활을 할 때 반드시 기억해야 할 아주 중요한 부분이다.

하나님은 고통과
슬픔을 통해서도 일하신다

하나님의 섭리는 무엇인가? 섭리란 하나님이 창조하신 우주 만물을 내버려 두지 않고 직접 보존하시고(preserves), 유지하신다(sustains)는 것이다. '섭리하시는 하나님'이기에 우리의 기도에 응답하실 수 있다. 또한 기적의 나타남도 섭리의 한 차원이다.

하나님의 섭리에는 세 가지 요소가 있다.

첫째, 보존으로서의 섭리다.

> ∞ 또한 그가 만물보다 먼저 계시고 만물이 그 안에 함께
>
> 섰느니라 골 1:17

'만물이 그 안에 함께 서 있다'는 것은 우주 만물이 그분 안에서 보존되고 있다는 뜻이다. 하나님은 창조하신 만물에 질서를 부여하셨다. 그러나 그 질서가 자동으로 작동하도록 내버려 두신 것이 아니다. 질서가 작동되는 매 순간 하나님은 붙드시고 역사하심으로 온 우주 만물을 보존하신다. 인간이 타락한 후 하나님은 노아와 언약을 맺으셨다. 비록 세상은 죄로 오염되었지만 붙드시는 은혜를 베푸셔서 보존하시겠다는 의미다. 지금 우리가 세상을 누릴 수 있는 것은 하나님이 노아와 맺은 언약대로 만물을 보존해 주시기에 가능한 것이다.

둘째, 통치로서의 섭리다.

하나님은 목적을 이루시기 위해 만물 가운데 활동하며 통치하신다. 하나님의 통치는 그분의 선한 뜻을 향해 나아간다. 악한 세력이 아무리 활동할지라도 하나님의 통치는 영향을 받지 않는다. 도리어 하나님은 악한 세력을 통해서

도 선한 역사를 이루실 수 있다. 악을 이용하신다는 말이 아니다. 악에도 불구하고 선한 일을 이루시는 데 전혀 지장이 없다는 것이다. 그리고 악으로 악을 심판하시고 악으로부터 선한 구원의 역사를 이루신다.

셋째, 협력으로서의 섭리다.

하나님은 자연법칙들을 비롯한 2차적 원인과 함께 일하신다. 2차적 원인이란 역사 속에서 일어나는 인간들의 선택과 그 결과들이다. 이 땅의 역사가 자연법칙과 인간의 모든 선택으로 움직이는 것 같은가? 역사는 하나님이 이 모든 2차적 원인과 협력하시는 섭리로 움직인다.

우리 삶 속에서 일어나는 모든 일은 아무리 사소해 보이는 사건이라 할지라도 하나님의 섭리에 사용된다. 문제는 하나님이 나를 돌보고 계시지 않는 것 같은 상황이 우리 삶에서 너무도 많이 일어난다는 것이다. 하나님이 내 기도에 응답하시지 않는 것처럼 보이는 경험을 하고, 뜻하지 않은 사고, 질병으로 인한 사별의 아픔을 끊임없이 겪기도 한다. 무엇보다도 우리가 행복을 기대하며 가졌던 소박한 꿈마저 깨어져 버리는 상황이 일어날 때면 우리는 '하나님이 나의 행복을 방해하시는 분인가?'라는 의심마저 든다.

이렇게 질문하는 사람들에게 룻기는 우리 인생 최악의 순간들 속에서도 여전히 일하고 계시는 하나님의 섭리를 말해 준다. 룻기를 보면 하나님은 위대한 성공을 통해서 일하시지만, 가장 어두운 슬픔과 고통을 통해서도 일하신다는 것을 알 수 있다. 하나님은 역사의 가장 어두운 시기에도 일하셨다. 사사시대라는 암흑의 시간에 하나님은 이스라엘 역사상 가장 위대한 왕의 출생을 준비하셨다.

하나님은 때로 인간이 힘들어하고 받아들이기 어려운 섭리를 행하시지만 그 순간에도 자기 백성의 행복을 위해서 일하신다. 하나님이 나와 가장 멀리 있는 것 같은 때에, 심지어 하나님이 나를 벌하고 대적하시는 것 같은 순간에도 하나님은 내 안에서 더 큰 행복을 준비하신다.

인생의 암흑기를 보내고 있는가? 지금도 하나님은 조용히 당신의 가장 행복한 삶을 준비하고 계신다. 현재의 고난을 넘어선 하나님의 섭리를 믿음으로 바라보자.

Judge not the Lord by feeble sense.

희미한 감각으로 주님을 판단하지 말라.

But trust him for his grace.

다만 그의 은혜로 인하여 그분을 신뢰하라.

Behind a frowning providence

마치 화난 듯한 그분의 섭리 뒤에

He hides a smiling face.

그분은 활짝 웃는 얼굴을 숨기고 계신다.

－윌리엄 쿠퍼 〈어둠 속에서 빛나는 빛〉 중에서

선택은
우리 몫이다

하나님의 섭리는 우리의 선택과 상관없이 이루어지는 것이 아니다. 그것은 인간의 선택과 함께 나타난다. 하나님은 우리 선택을 존중하신다. 따라서 선택은 우리가 하게 하시고 그 선택에 따라 미래가 다르게 결정되도록 섭리하신다. 결코 하나님이 우리 인생을 대신 선택해 주시지 않는다.

나오미를 향한 하나님의 꿈이 이루어지는 데에는 룻과 보아스의 아름다운 선택이 사용되었다. 룻기를 보면 각 장마다 두 사람의 선택이 교차로 나타난다.

먼저 1장에서 룻은 시어머니를 따르기로 선택한다. 반면 오르바는 자기 고향으로 되돌아간다.

∞ 어머니의 백성이 나의 백성이 되고 어머니의 하나님이 나의 하나님이 되시리니 롯 1:16b

2장에서 룻은 시어머니 나오미를 성실하게 돌보기로 선택한다. 한편 보아스는 가난하고 연약한 이방 여인 룻을 돌보기로 선택한다.

◇◇ 여호와께서 그의 날개 아래에 보호를 받으러 온 네게 온전한 상 주시기를 원하노라 룻 2:12b

3장에서 룻은 시어머니의 지시대로 기업 무를 자인 보아스를 선택한다. 자신의 미래를 위해 더 나은 다른 사람을 선택할 수도 있었지만 그렇게 하지 않는다.

◇◇ 어머니의 말씀대로 내가 다 행하리이다 룻 3:5

4장에서 보아스는 나오미의 남편인 엘리멜렉의 친족으로서 그 가정을 끝까지 책임지기로 선택한다.

◇◇ 말론의 아내 모압 여인 룻을 사서 나의 아내로 맞이하고
룻 4:10a

성실하고 겸손한 태도가
인생을 바꾼다

룻기 2장에 나타난 하나님의 섭리는 '고통스러운 섭리'(Bitter providence)에서 '부드럽고 감미로운 섭리'(Sweet providence)로 변화하기 시작한다. 과연 룻의 어떠한 점 때문에 하나님의 섭리에 변화가 나타났을까?

첫째, 룻은 문제를 주도적으로 해결해 가려는 태도를 보였다. 룻이 이삭을 주우러 간 것은 나오미가 먼저 "애야, 가서 이삭이라도 주워 와야 우리가 먹고살지 않겠니?"라고 지시해서가 아니다. 대개 이런 일을 시어머니가 먼저 지시할 때 고부갈등이 시작된다. 만약 시어머니와 관계가 좋지 않은 며느리가 이런 지시를 받았다면 어땠을까? "창피하게 어떻게 이삭을 주우러 가라는 거예요? 어머니는 제 자존심 생각은 안 하세요?" 하면서 불만을 내비쳤을지도 모른다. 남편이 있었다면 남편에게, 혹은 친구에게 "오늘 어머니가 나에게 뭐라고 했는지 알아? 글쎄 이삭을 주워 오라지 뭐야? 내가 그런 일까지 해야겠어? 왜 항상 문제가 생기면 나에게 해결하라고 하는 거야?" 하며 불평불만을 늘어놓았을지 모른다. 그렇지만 나오미는 룻에게 그런 지시를 하지 않았다. 오히려 룻이 먼저 문제를 해결하기 위해 이삭을 주우러 가겠다고 선택했다.

둘째, 룻은 겸손했다.

> ∞ 모압 여인 룻이 나오미에게 이르되 원하건대 내가 밭으로 가서 내가 누구에게 은혜를 입으면 그를 따라서 이삭을 줍겠나이다 하니 나오미가 그에게 이르되 내 딸아 갈지어

룻은 이삭을 주우러 가면서 시어머니에게 허락을 구했다. 굳이 그럴 필요가 있을까? 당시 이삭줍기는 가장 가난한 사람들이 당장 먹을 것이 없어서 하던 일이다. 만약 룻이 이삭을 주우러 갔다는 소문이라도 난다면 시어머니의 자존심에 상처를 줄 수도 있을 터였다. 이런 절박한 상황 속에서도 시어머니의 자존심을 배려하는 룻의 태도는 차분하고 겸손한 인격을 드러낸다. 그뿐만 아니라 룻은 이삭을 줍기 전 밭에서 일하는 종들에게도 "이삭을 주워도 되겠습니까?" 물은 뒤 허락을 받고 이삭을 주웠다. 당시 밭주인들은 추수할 때 구약 율법에 따라 가난한 사람들을 위해 이삭을 남겨 두었고, 허락을 받지 않고도 누구나 주워갈 수 있었다. 그런데도 룻은 허락을 구했다. 이것은 율법을 몰라서가 아니라 룻의 인격을 보여 주는 대목이다.

셋째, 룻은 부지런하고 성실했다. 룻은 아침부터 저녁까지 잠시 쉬는 시간을 제외하고는 계속 일했다. 밭에서 이삭을 줍는 일은 아주 힘겹고 고된 노동이다. 온종일 허리를 숙이고 해야 하니 고통도 뒤따랐을 것이다. 그런데도 룻은 쉬지 않았다. 왜일까? 이삭줍기는 추수 기간에만 할 수 있다. 보리와 밀 추수까지 2개월 정도다. 그 기간이 끝나면 양식을 구하는 일은 더욱더 어려워진다. 룻은 그 사실을 알

고 있었을 것이다. 그래서 이 기간에 부지런히 일해 생계를
유지하려고 했다.

우연 뒤에
하나님의 섭리가 숨어 있다

여기에서 아주 중요한 내용이 나온다. 룻이 일하던 밭이
보아스의 소유였던 것이다. 룻은 이삭 주울 곳을 찾다가 우
연히 어떤 사람을 쫓아갔는데 그곳이 보아스의 농장이었
다. 이 사실이 왜 중요한가. 룻기는 구약시대의 사회적 제
도가 중요한 배경이다. 그것은 남자가 자녀 없이 죽었을 때
그와 가장 가까운 친척이 그의 여자와 결혼해서 대신 아이
를 낳아 주는 제도다. 그때 그 가까운 친척을 가리켜 히브
리어로 '고엘'이라고 한다. 영어로는 'redeemer', 한국어로는
'구속자' 혹은 '기업 무를 자'라고 번역했다.

보아스는 나오미의 남편 엘리멜렉의 친족이다. 즉 나오
미와 룻을 구속해 줄 수 있는, 고엘이 되어 줄 수 있는 인물
이다. 나오미조차 이 사실을 잊고 있었다. 만약 보아스가
나오미 가정에 고엘이 되어 준다면 지금 그들이 겪고 있는
가난과 모든 어려움으로부터 구원받을 길이 열리는 것이

다. 따라서 룻이 찾아간 농장이 보아스의 밭이라는 사실은
정말 중요하다.

> ∞ 룻이 가서 베는 자를 따라 밭에서 이삭을 줍는데 우연
> 히 엘리멜렉의 친족 보아스에게 속한 밭에 이르렀더라 룻
> 2:3

룻기 2장 3절에서는 룻이 보아스의 밭에 이르는 사건을
"우연"이라고 설명한다. 이 우연이라는 단어 뒤에는 엄청
난 하나님의 섭리가 숨어 있다. 섭리는 우연 속에서 알아
가는 것이다.

룻기는 두 가지 우연이 만나고 있다. 첫 번째 우연은 룻
이 누군가를 따라 보아스의 밭으로 간 것이고, 두 번째 우
연은 보아스가 그날따라 자신의 밭을 방문한 것이다. 하나
님의 섭리는 우리가 보기에 모두 우연처럼 일어난다. 그러
나 "우리 만남은 우연이 아니야"라고 노래하는 어느 가요의
가사처럼, 룻과 보아스의 만남은 결코 우연이 아니었다.

우리가 하나님의 섭리를 이해 못 하는 까닭 중 하나는
인생의 사건들이 우연처럼 벌어지기 때문이다. 우리가 어
떤 사건을 우연이라고 말한다면 스스로의 무지를 드러낼
뿐이다. 하나님이 작정하고 행하시는 일들은 예측할 수 없
다. 그렇다고 하나님이 비합리적이거나 변덕스러운 분이

라는 뜻이 아니다. 우리는 하나님의 일하심을 예측할 수 없기에 일어나는 모든 일이 우연처럼 보이는 것뿐이다.

룻과 보아스 사이에 두 가지 우연한 사건이 일어날 수 있었던 이유는 두 사람이 지금껏 성실한 선택을 했기 때문이기도 하다. 룻이 성실한 여인이 아니었다면 이삭 줍는 일을 선택했을까? 보아스가 성실하지 않고 부유하기만 한 남자였다면 밭을 돌아보려고 했을까? 만약 그랬다면 룻과 보아스는 만나지 못했을 것이다. 라틴 속담에 "하나님의 섭리는 게으른 자를 돕지 않는다"는 말이 있다. 물론 하나님은 스스로 도울 수 없는 자를 돕는 분이다. 하지만 하나님의 섭리는 성실하게 일하는 사람을 통해 더욱 분명하게 나타난다.

하나님의 섭리란 아무것도 하지 않고 누워서 "하나님이 다 알아서 하실 거니까 그냥 기다리면 돼"라고 말하는 것이 아니다. 우연을 탓하지 않고 성실을 선택할 때 하나님의 섭리는 나타난다. 섭리란 우리가 성실하게 움직일 때 우리를 통해 이루어져 가는 것이기 때문이다.

운명은 정해진 것이 아니다. 하나님의 계획은 내 선택에 따라 열려 있고, 섭리도 그렇다. 룻기에 나타난 하나님의 섭리는 시어머니를 겸손하고 성실하게 모시고 삶의 문제를 주도적으로 해결해 가려는 룻이 보아스의 밭에서 일하게 되면서 점차 드러나기 시작한다.

비슷한 이야기가 구약성경에 또 등장한다. 바로 에스더다. 구약 시대 여성인 에스더를 통해 유대 백성이 구원받은 사건도 우연처럼 보이지만 하나님의 섭리다.

> ∞ 그날 밤에 왕이 잠이 오지 아니하므로 명령하여 역대 일기를 가져다가 자기 앞에서 읽히더니 그 속에 기록하기를 문을 지키던 왕의 두 내시 빅다나와 데레스가 아하수에로 왕을 암살하려는 음모를 모르드개가 고발하였다 하였는지라 왕이 이르되 이 일에 대하여 무슨 존귀와 관작을 모르드개에게 베풀었느냐 하니 측근 신하들이 대답하되 아무것도 베풀지 아니하였나이다 하니라 에 6:1-3

그날 밤 왕이 잠이 오지 않았던 것은 우연이 아니다. 왕은 잠이 오지 않아 자신의 통치 기록을 읽었다. 그러던 중 선대왕의 암살 음모를 밝혀낸 모르드개에게 포상이 주어지지 않았다는 사실을 확인했다. 왕은 그에게 최고의 상을 내리고 싶어 하만을 불렀다. 하만은 유대인을 말살하려는 계획을 가진 자였다. 권력욕과 명예욕으로 가득했던 하만은 왕이 자신에게 상을 내리려는 것으로 착각하고 이렇게 말했다.

"왕께서 영예를 내리시려는 사람이 있다면 왕복과 왕이 타시는 말을 내오게 하십시오. 그에게 왕관을 씌우고 왕복을 입히고 왕의 말을 태워 거리를 돌면서 사람들에게 '왕께서 영예를 주시려고 하는 사람에게는 이렇게 하신다'고 외치게 하십시오."

왕은 하만에게 명하여 모르드개에게 그렇게 하라고 했다. 한순간에 모든 상황이 역전되었다. 유대 민족을 말살하려던 하만이 도리어 자신이 미워하던 유대 민족 모르드개의 시종이 되었다.

이 모든 상황이 아직도 우연처럼 보이는가. 이것은 하나님의 놀라운 섭리다. 하나님은 악한 하만을 수치스럽게 하고 심판하셨다. 그리고 억울한 유대 민족을 구원하시고 영예롭게 하셨다. 섭리하시는 하나님은 때로 모든 것을 역전시키신다.

9장

결코 변치 않으신 분이
모든 것을 새롭게 하신다

결코 변함없으신 하나님은 모든 것을 새롭게 하신다. 야
고보서는 하나님이 변함 없으며 회전하는 그림자도 없으
시다고 했다.

∞ 온갖 좋은 은사와 온전한 선물이 다 위로부터 빛들의 아
버지께로부터 내려오나니 그는 변함도 없으시고 회전하
는 그림자도 없으시니라 약 1:17

아울러 요한계시록에서 그분은 만물을 새롭게 하신다고
했다.

∞ 보좌에 앉으신 이가 이르시되 보라 내가 만물을 새롭게
하노라 하시고 또 이르시되 이 말은 신실하고 참되니 기록
하라 하시고 또 내게 말씀하시되 이루었도다 나는 알파
와 오메가요 처음과 마지막이라 내가 생명수 샘물을 목
마른 자에게 값없이 주리니 이기는 자는 이것들을 상속으
로 받으리라 나는 그의 하나님이 되고 그는 내 아들이 되
리라 계 21:5-7

알파가 되시는 하나님이 오메가가 되신다. 그분은 시작

과 끝이요, 만물을 새롭게 하시며, 뜻하신 모든 계획을 이루신다. 요한계시록은 바로 그런 하나님을 선언한다.

천국이 시시하다는
사탄의 거짓말

하나님의 구원 계획은 인간의 영혼만을 구원하는 것이 아니다. 만물을 새롭게 하시는 것이다. 완전히 새롭게 된 인간이 완전히 새롭게 된 땅에서 영원히 살게 되는 것이다. 누군가의 성격이 고쳐지는 정도의 구원이 아니라는 말이다. 우리가 사는 이 땅이 완전히 새롭게 되는 변화가 바로 진정한 구원이다.

사탄은 이렇게 완전히 새롭게 되는 세상을 인간이 믿지 않도록 만든다. 사탄의 거짓말은 단순히 천국이 없다는 식의 원색적인 내용이 아니다. 그 대신 천국은 아주 지루하고 재미없는 곳이기 때문에 전혀 기대할 필요가 없다고 속삭인다. '아무리 세상살이가 힘들고 어려워도 이 땅에서 사는 것이 천국보다는 낫지 않겠는가?'라는 생각을 갖게 하는 것이다. 그래서 죽음을 두렵고 피하고 싶은 것으로 만든다. 만일 지루하고 재미없는 곳에서 영원히 사는 것이 복음이라면, 그래서 예수님을 믿는 우리조차도 천국을 기대하지 않는다면 이런 복음을 다른 사람과 나눌 이유가 어디에 있겠는가?

독재자가 자신의 정권을 대신할 새로운 정부를 싫어하듯이 사탄도 새 하늘과 새 땅을 싫어하고 거부한다. 사탄은 자신이 하나님의 구원 계획을 멈출 수 없다는 것을 잘 알고 있다. 그래서 인간이 그 구원의 깊이와 넓이를 보지 못하게 만든다. 구원을 매우 협소한 것으로 축소시켜 버리는 데 사탄의 전략이 집중되어 있다. 인간이 새 하늘과 새 땅을 기대하지 않고 현세에 집중하며 살도록 만드는 것이다.

그러나 우리는 D. L. 무디(Moody) 목사의 이 고백을 할 수 있어야 한다.

"당신은 곧 내가 죽었다는 소식을 신문을 통해 읽게 될 것이다. 그러나 조금이라도 그 사실을 믿지 말라. 나는 그 어느 때보다도 더 생생하게 살아 있을 것이다."

그는 임종을 맞이하는 침상에서 이렇게 말했다고 한다.

"땅이 물러간다. 내 앞에 천국이 열리는구나!"

하나님의 계획은
새 땅에서 우리와 동행하시는 것이다

새 하늘과 새 땅은 현재의 하늘과 땅이 새롭게 변화되어 성도들의 영원한 처소가 되는 것이다.

∞ 주께서 옛적에 땅의 기초를 놓으셨사오며 하늘도 주의 손으로 지으신 바니이다 천지는 없어지려니와 주는 영존하시겠고 그것들은 다 옷같이 낡으리니 의복같이 바꾸시면 바뀌려니와 시 102:25-26

하나님은 언제나 한결같고 변함없으신 분이다. 그런 분이 새로운 옷으로 갈아입히듯 하늘과 땅을 완전히 새롭게 변화시키신다고 한다. 마치 낡은 것을 새롭게 바꾸듯, 현재의 하늘과 땅을 변화시켜 모든 것을 새롭게 하시겠다고 한다.

∞ 또 내가 새 하늘과 새 땅을 보니 처음 하늘과 처음 땅이 없어졌고 바다도 다시 있지 않더라 계 21:1

여기서 '새'로 번역된 헬라어 '카이노스'는 옛것에 반대되는 의미에서의 새것이 아니라 '전혀 다른 성질'의 새것이라는 뜻이다. 즉 지금 우리가 사는 하늘과 땅은 전혀 다른 성질의 하늘과 땅으로 새롭게 변화될 것이다.

어떤 사람들은 새 하늘과 새 땅을 지금 하나님이 거하시는 천국으로 이해한다. 그러나 이것은 천국과는 다르다. 하늘과 땅을 새롭게 하시는 하나님의 역사는 현재의 천국과 완전히 새롭게 된 우주가 하나 되어 우리가 영원히 거할 완벽한 새 하늘과 새 땅으로 창조되는 것이다. 하나님이 거하시는 천국이 확장되어 우주 만물을 변화시키고 그 결과 온 우주가 영광스러운 천국으로 완전히 새롭게 될 것이다.

∞ 또 내가 보매 거룩한 성 새 예루살렘이 하나님께로부터 하늘에서 내려오니 그 준비한 것이 신부가 남편을 위하여 단장한 것 같더라 내가 들으니 보좌에서 큰 음성이 나서 이르되 보라 하나님의 장막이 사람들과 함께 있으매 하나님이 그들과 함께 계시리니 그들은 하나님의 백성이 되고 하나님은 친히 그들과 함께 계셔서 계 21:2-3

"거룩한 성 새 예루살렘이 하나님께로부터 하늘에서 내려오니"라고 성경은 말한다. 여기서 하늘은 현재의 천국을 말한다. 현재의 천국에서 새 예루살렘이 어디로 내려오는가? 새롭게 변화된 새 땅으로 내려오는 것이다. 구속받은 사람들은 그곳에서 부활한 몸으로 영생한다. 그러므로 지금 분리되어 있는 하늘과 땅은 그때에 하나가 되며, 하나님이 자기 백성과 함께 그곳에 거하실 것이기에 새 땅은 또한 하늘이 될 것이다. 따라서 새 하늘과 새 땅이라고 하지만 그것은 같은 말이다. 곧 하나님이 이 땅에 임재하신다는 말이다.

하나님의 장막이 새 땅으로 내려온다는 사실은 하나님의 본래 계획과 일치한다. 하나님은 인간을 창조하시고 땅에 살게 하셨다. 인간을 하나님이 계시는 천국에 데려가 살게 하실 수도 있었다. 그러나 하나님은 그렇게 하지 않으셨다. 도리어 인간이 사는 땅으로 내려오셔서 동행하셨다. 하나님의 궁극적인 계획은 우리를 데리고 올라가 그분의 영역에서 살게 하는 것이 아니라, 우리를 위해 만드신 새 땅에서 우리와 함께 거하시는 것이다.

망가진 것을
버리지 않고 고치신다

하나님은 친히 창조하신 첫 피조 세계를 결코 포기하지 않으신다. 하나님은 타락한 만물을 붙드시며 구원하신다. 자신의 손으로 만든 모든 작품을 포기하지 않으신다. 성경에는 이를 의미하는 단어가 많이 등장한다. 화해하다(reconcile), 구속하다(redeem), 소생시키다(restore), 회복하다(recover), 돌아가다(return), 새롭게 하다(renew), 부활하다(resurrect) 등이 그에 해당한다.

이 단어들은 모두 're-'로 시작한다(헬라어로는 ana). 망가지거나 잃어버린 본래의 상태를 회복한다는 의미다. 인간은 하나님의 프로젝트를 망가뜨렸지만, 하나님은 회복시키셨다. 그뿐만 아니라 하나님은 그리스도 안에서 인간에게 새로운 기회를 주셨다. 새 땅에서 하나님의 청지기로 재임명하신 것이다.

하나님은 타락한 인류와 만물을 완전히 제거하고 새로운 인간을 다시 창조하실 수도 있는 분이다. 완전히 갈아엎고 처음부터 다시 시작하실 수도 있었을 것이다. 그러나 하나님은 그렇게 하지 않으셨다. 인간과 하늘과 땅을 구속하셔서 본래 목적과 계획대로 회복하는 길을 선택하셨다. 하나님은 최고의 구원 예술가이시다. 만물을 본래의 상태로 회복시키시고 나아가 더 낫게 만들기를 좋아하신다.

만물이 새롭게 되는 계획에 대한 조감 없이 예수님의 사역을 이해하는 것은 불가능하다. 예수님의 모든 기적은 회복의 기적이다. 건강의 회복, 생명의 회복, 온전한 정신의 회복 등이 여기에 포함된다. 그리고 이러한 회복의 기적은 구속의 의미를 보여 준다. 예수님은 이렇게 말씀하셨다.

> ∞ 예수께서 이르시되 내가 진실로 너희에게 이르노니 세상이
>   새롭게 되어 인자가 자기 영광의 보좌에 앉을 때에 나를
>   따르는 너희도 열두 보좌에 앉아 이스라엘 열두 지파를
>   심판하리라 마 19:28

예수님은 '세상을 멸한 후에' 혹은 '세상을 버린 후에'라고 하지 않으셨다. "세상이 새롭게 되어"라고 말씀하셨다. 여기에서 '새롭게 된다'는 의미의 헬라어 '팔링게네시아'는 '다시'라는 뜻의 단어 '팔린'과 '출생'이란 뜻의 단어 '게네시스'의 합성어로, '새로운 창조' 혹은 '죽음에서 생명으로 다시 돌아오다'라는 뜻이 담겼다. 이것은 단순한 이야기가 아니다.

인간은 하나님의 영광을 위해 땅에서 살도록 지음을 받았다. 이를 위해 하나님의 아들 예수님이 성육신하시고 죽으시고 부활하셨다. 이로써 인간은 새롭게 된 땅 위에 사는 완전히 새로운 존재로 구원받았다.

> ∞ 보좌에 앉으신 이가 이르시되 보라 내가 만물을 새롭게
>   하노라 하시고 또 이르시되 이 말은 신실하고 참되니 기록
>   하라 하시고 계 21:5

모든 것이
새로워지는 곳이다

베드로는 '새 땅'이 지금의 세상과 어떻게 전혀 다른 성질의 곳인지 설명한다.

∞ 우리는 그의 약속대로 의가 있는 곳인 새 하늘과 새 땅을 바라보도다 벧후 3:13

베드로는 새 하늘과 새 땅을 "의가 있는 곳"이라고 간단히 표현하였지만, 이것은 그리 간단하지 않다. 과연 의가 있는 곳, 의가 지배하는 하늘과 땅이 되려면 어떤 변화가 있어야 하는가? 우선 이 세상 것들 중 완전히 제거되어야 하는 것들이 있다.

첫째, 사탄이다. 이 땅에서는 사탄의 간섭과 훼방이 없는 삶을 상상하기 어렵다. 인간이 이 땅에서 당하는 모든 고통과 곤란은 궁극적으로 사탄으로부터 기원하기 때문이다. 그러나 새 땅에서 사탄은 완전히 제거된다.

둘째, 죄다. 새 땅에는 인간 내면의 죄가 더는 없다. 따라서 주변의 어떤 악과도 싸우는 일이 없다. 죄인도, 죄짓는 일도 없다. 과연 죄가 없는 삶을 상상할 수 있겠는가? 어떤 사람은 '죄가 없으면 천국은 무척 심심한 곳이겠네요'라고 생각할 수도 있다. 그러나 죄가 전혀 없기에 진정한 즐거움과 기쁨이 충만한 곳이 될 수 있다.

셋째, 슬픔이다.

> ∞ 모든 눈물을 그 눈에서 닦아 주시니 다시는 사망이 없고 애통하는 것이나 곡하는 것이나 아픈 것이 다시 있지 아니하리니 처음 것들이 다 지나갔음이러라 계 21:4

새 하늘과 새 땅에는 우리가 세상에서 겪는 모든 종류의 슬픔이 전혀 존재하지 않는다. 사탄과 죄가 없기 때문이다. 슬픔이 없으니 눈물이 없다. 슬픔이 없으니 애통이나 곡함이 없다.

넷째, 시험이다. 죄와 사탄이 없으니 더는 타락한 인간을 훈련할 필요가 없고, 따라서 새 하늘과 새 땅에는 시험이 없다. 시험이 없으니 저주와 애통과 아픔도 없다.

다섯째, 바다가 없다. 바다를 좋아하는 사람은 '그런 아름다운 것이 없으면 어떻게 천국일 수 있는가! 그런 천국이라면 가고 싶지 않다'고 할지 모른다. 지구가 보존되기 위해서 바다는 중요하다. 바닷물이 대기권으로 증발하여 비가 되어 다시 내리지 않으면 생태계가 유지될 수 없기 때문이다. 그러나 지금의 바다는 노아 시대에 홍수를 통해 전 지구를 멸망시키신 하나님의 심판의 증거물이기도 하다.

바다가 없어진다는 것은 혼돈과 재앙이 완전히 소멸된다는 뜻이다.

여섯째, 태양이 없다. 이것은 바다가 없는 것보다 더 심각해 보인다. 태양이 없다면 이 세상은 어둠의 세계가 될 것이다. 그런데 천국에서는 태양 대신 하나님이 친히 빛이 되어 주신다. 태양은 빛의 근원이 아니다. 그저 발광체일 뿐이다. 빛의 근원은 하나님이시다. 그런 분이 계신 곳이니 새 하늘과 새 땅에는 태양이 필요 없다. 태양이 없으니 밤도 없고 그늘도 없다.

하나님은 구속 활동으로 당신이 지으신 것을 파괴하지 않으시고 그것들에게서 죄를 제거해 온전하게 하신다. 그래서 온전히 변화되어 새롭게 된 새 땅이 되게 하신다. 그 새 땅에서 이루어지는 삶은 한마디로 '하나님이 나의 하나님이 되고, 나는 그분의 온전한 백성, 온전한 자녀가 되는 것'이다.

∞ 이기는 자는 이것들을 상속으로 받으리라 나는 그의 하나님이 되고 그는 내 아들이 되리라 계 21:7

새 하늘과 새 땅을 바라볼 때 변화가 시작된다. 하나님은 미리 보여 주지 않으면 믿지 않는 인간의 타락한 심성을 잘 아시기에 요한계시록을 통해 미리 보여 주셨다. 물론

한 사람 한 사람에게 직접 보여 주실 수도 있겠지만, 인간의 믿음은 그조차 감당하지 못한다는 것도 하나님은 잘 아신다. 실제로 자신이 무엇을 보았다며 교만해져서 스스로 영광을 받으려던 사람을 우리는 숱하게 보아 왔다. 혹시나 바울처럼 순교를 결심한다면 하나님이 미리 보여 주실런지 모른다. 순교를 견딜 수 있을 만큼의 체험이 필요할 수 있기 때문이다. 온전히 복음을 증거하는 일에 필요하다면 새 하늘과 새 땅을 부분적으로 맛보게 해주실 수도 있을 것이다.

눈으로 직접 봤건 보지 못했건, 성경을 통해 우리는 충분히 상상할 수 있고 상상을 통해 경험할 수 있다. 중요한 것은 '보았느냐, 못 보았느냐?'가 아니라 '믿고, 그것을 능력으로 살아가는가?'이다. 마지막 날에 가서야 이럴 줄 몰랐다고 한탄하는 자들이 아니라, 이 땅을 완전히 새롭게 하시는 전능하신 하나님과 새롭게 될 땅을 바라보며 살아가는 우리가 되어야 한다.